Ulrich Heidenreich

Dem Alltag eine Pause gönnen

Mit Zeichnungen von Kathrin Heyer

Die Schreibweise folgt den Regeln
der neuen Rechtschreibung

Umschlagabbildung, Gestaltung: Kirsten Gerndt
Satz: Gestaltung + Verlags-Service, Rosengarten
Schrift: Franklin Gothic Book
Lithos: connected 2000 GmbH, Hamburg
Druck: GGP Media, Pößneck
ISBN 3 7600 1713 - 4
Best.-Nr. 1 1713 - 4

Ulrich Heidenreich

Dem Alltag eine Pause gönnen

Gedanken für jeden Tag des Jahres

Mit Stichwortverzeichnis und Nachweis der Bibelstellen

AGENTUR DES RAUHEN HAUSES HAMBURG

Was ich vorweg noch sagen möchte

Seit ich im Jahr 1975 zum ersten Mal im *Herrnhuter Losungszimmer* war, beschäftigt mich die Geschichte der in vielen christlichen Häusern gelesenen *Herrnhuter Losungen,* mit denen es ganz einfach anfing:
Der Begründer von Herrnhut, Reichsgraf Nikolaus Ludwig von Zinzendorf, hielt einen täglichen Besuchsdienst in der Gemeinde für „unumgänglich nötig“. Vom 3. Mai 1728 an gab er daher dem Gemeindeglied, das an dem jeweiligen Tag mit den Besuchen beauftragt war, als Hilfe für die Gespräche in den Häusern ein Bibelwort, einen Spruch, eine Liedstrophe oder auch einen von ihm selbst verfassten Vers mit auf den Weg.
Diese „Losung“ passte zwar nicht immer und überall, aber sie war doch Anlass genug, den Tag mit seinen Freuden und Lasten aus einem besonderen Blickwinkel heraus zu betrachten, und oft war man überrascht, wie sich ein solches Wort „accurat auf die Umstände schickte“.
Was andere gedacht, befürchtet, gehofft oder gebetet hatten, konnte doch helfen, mit dem Eigenen zurechtzukommen – oder es wenigstens noch einmal mit anderen Augen zu sehen.
Dieses Buch nun ist kein Losungsbuch. Doch die den einzelnen Tagen des Jahres zugeordneten Worte von Menschen vor und neben uns möchten

und sollen dazu anregen, die Erlebnisse und Erfahrungen des jeweiligen Tages zu bedenken. Vielleicht erscheint dann manches noch einmal in einem anderen Licht.
Dass dabei die Hoffnung des Glaubens gestärkt, das Vertrauen auf Gottes Geleit gefestigt und besonders auch zur Freude an den kleinen Dingen des Lebens ermuntert wird, ist mein Wunsch.

Ulrich Heidenreich

Januar

1. Januar

Zuflucht ist bei dem alten Gott
und unter den ewigen Armen.

5. Mose 33,27

Gottes Hände
halten die weite Welt.
Gottes Hände
tragen das Sternenzelt.
Gottes Hände
führen das kleinste Kind.
Gottes Hände
über dem Schicksal sind.

Gottes Hände
sind meine Zuversicht.
Durch das Dunkel
führen sie doch zum Licht.
Im Frieden geborgen,
vom Kampf umtost,
in deinen Händen, Herr,
bin ich getrost.

Aus einem alten Volkskalender

2. Januar

Mit der Freude zieht der Schmerz
Traulich durch die Zeiten.
Schwere Stürme, milde Weste,
Bange Sorgen, frohe Feste
Wandeln sich zur Seiten.

Und wo eine Träne fällt,
Blüht auch eine Rose,
Schon gemischt, noch eh' wir's bitten,
Ist für Thronen und für Hütten
Schmerz und Lust im Lose.

War's nicht so im alten Jahr?
Wird's im neuen enden?
Sonnen wallen auf und nieder,
Wolken gehn und kommen wieder
Und kein Wunsch wird's wenden.

Gebe denn, der über uns
Wägt mit rechter Waage,
Jedem Sinn für seine Freuden,
Jedem Mut für seine Leiden
In die neuen Tage,

Jedem auf des Lebens Pfad
Einen Freund zur Seite,
Ein zufriedenes Gemüte
Und zu stiller Herzensgüte
Hoffnung ins Geleite.

Johann Peter Hebel

3. Januar

Ein neues Jahr!
Tritt froh herein,
mit aller Welt in Frieden;
vergiss, wie viel
der Plag und Pein
das alte Jahr beschieden!

Du lebst: Sei dankbar,
froh und klug,
und wenn drei bösen Tagen
ein guter folgt,
sei stark genug,
sie alle vier zu tragen.

Friedrich Wilhelm Weber

Am guten Tage sei guter Dinge, und am bösen Tage bedenke: Diesen hat Gott geschaffen wie jenen, damit der Mensch nicht wissen soll, was künftig ist.

Prediger 7,14

4. Januar

Ihr wisst nicht, was morgen sein wird. Was ist euer Leben? Ein Rauch seid ihr, der eine kleine Zeit bleibt und dann verschwindet. Dagegen solltet ihr sagen: Wenn der Herr will, werden wir leben und dies oder das tun.

nach Jakobus 4,14-15

Was sich im neuen Jahr ereignen wird, das möchte wohl mancher für sein Leben gern wissen.
Zwar hoffe ich, dass keiner so töricht war, in der Neujahrsnacht Zinn zu gießen oder sich um Glocke zwölf an einen Kreuzweg zu stellen oder in den Backofen zu gucken oder sonstige Torheiten zu begehen, wie sie in der Silvesternacht von abergläubigen Personen getrieben werden.
Und doch steht mancher vor dem dunklen Vorhang, welcher das Jahr verhängt, mit ausgerecktem Halse und guckt nach rechts und guckt nach links, ob nicht irgendwo ein kleiner Riss oder Spalt in demselben sei oder eine fadenscheinige Stelle, an welcher er von den verborgenen Geheimnissen der Zukunft ein Weniges erspähen könne. Und was gäbe er darum, wenn ihm einer dazu hülfe ...

Johann Hinrich Wichern

5. Januar

Gott hat jedem gesunden Menschen die Fähigkeit verliehen, etwas zu erreichen. Keinen Menschen hat er ohne alle Talente gelassen.

Martin Luther King

Ich will einiges von dem, was im neuen Jahr passieren wird, verraten:
Wer ehrlich arbeitet und aufrichtig betet, der wird trotz schlechter Zeit auf einen grünen Zweig kommen, und zwar zur Sommerzeit wie zur Winterzeit, und Gott wird nimmer ihn verlassen.
Wer im neuen Jahr sein Glück und Pläsier im Bierhaus und im Branntweinhaus sucht oder auf den Tanzböden, der wird sich mit Gut und Ehre ins Unglück hineintanzen. Auch werden sämtliche Gefängnisse, Zuchthäuser, Armenhäuser und Irrenhäuser des deutschen Landes in diesem Jahr, wie in den vergangenen, ein gut Teil ihrer Rekruten in selbigen Trinkhäusern anwerben.

Johann Hinrich Wichern

Es gibt nichts Besseres, als dass ein Mensch fröhlich sei in seiner Arbeit; denn das ist sein Teil.

nach Prediger 3,22

6. Januar

Im neuen Jahr wird sich Folgendes ereignen: Diejenigen, welche dem Sonntage seine Ehre nehmen und ihn weder selbst zu einem Ruhe- und Feiertage machen noch ihren Kindern, Gesellen, Lehrlingen oder Dienstboten zur Ruhe und Feier des Sonntags verhelfen, die werden ein Brandmal in ihrem Gewissen tragen und mit Sonntagsarbeit und Sonntagslust einen Fluch in ihre Häuser bringen.
Wer vom 1. Januar ab seine Bibel verstauben lässt, dem wird am 31. Dezember seine Seele verstaubt sein. – Wer aber vom 1. Januar ab in der Bibel nach Quellen des Lebens sucht, der wird am 31. Dezember helle Augen und ein fröhliches Herz haben.

Johann Hinrich Wichern

Ihr sucht in der Schrift, denn ihr meint, ihr habt das ewige Leben darin; und sie ist's, die von mir zeugt.

Johannes 5,39

7. Januar

Weil Gott weiß, was morgen ist, brauchen wir heute keine Angst zu haben.

Heinrich Giesen

Die Zukunft hat viele Namen.
Für die Schwachen ist sie das Unerreichbare.
Für die Furchtsamen ist sie das Unbekannte.
Für die Tapferen ist sie die Chance.

Victor Hugo

Man nehme zwölf Monate, putze sie ganz sauber von Bitterkeit, Geiz, Pedanterie und Angst und zerlege jeden Monat in 30 oder 31 Teile, so dass der Vorrat genau für ein Jahr reicht. Es wird jeder Tag einzeln angerichtet aus einem Teil Arbeit und zwei Teilen Frohsinn und Humor.
Man füge drei gehäufte Esslöffel Optimismus hinzu, einen Teelöffel Toleranz, ein Körnchen Ironie und eine Prise Takt. Dann wird die Masse sehr reichlich mit Liebe übergossen. Das fertige Gericht schmücke man mit Sträußchen kleiner Aufmerksamkeiten und serviere es täglich mit Heiterkeit und mit einer guten, erquickenden Tasse Tee.

Jahresrezept der Mutter Goethes

8. Januar

Will das Glück nach seinem Sinn
dir was Gutes schenken,
sage Dank und nimm es hin
ohne viel Bedenken.

Jede Gabe sei begrüßt,
doch vor allen Dingen:
Das, worum du dich bemühst,
möge dir gelingen.

Wilhelm Busch

Und der Herr, dein Gott, wird dir Glück geben zu allen Werken deiner Hände, zu der Frucht deines Leibes, zu den Jungtieren deines Viehs, zum Ertrag deines Ackers, dass dir's zugute komme. Denn der Herr wird sich wieder über dich freuen, dir zugut, wie er sich über deine Väter gefreut hat, weil du der Stimme des Herrn, deines Gottes, gehorchst und hältst seine Gebote und Rechte.

5. Mose 30,9-10

9. Januar

Wir sind Nomaden auf dem Weg zu Gott.

Ulrich Heidenreich

Arm ist, wer kein Schweigen kennt,
mitten im Lärm unserer Zeit!
Ist er nicht ganz verraten,
nicht jeden Trostes entblößt,
weil in den schrillen Taten
nicht ist, was uns erlöst?
Wir sind des lauten Treibens,
der hohlen Worte satt.
Zieh ein, du Klang des Schweigens,
das uns erschaffen hat.
Sei bei uns, starker Gott!
Sei bei uns, Herre Christ!
Es flieht die Not, der Tod,
wo du zugegen bist.

Werner Bergengruen

Die Gott suchen, denen wird das Herz aufleben.

nach Psalm 69,33

10. Januar

Die Eiche sprach: Wachsen heißt, der Weite des Himmels sich öffnen und zugleich in das Dunkel der Erde wurzeln. Alles Gediegene gedeiht nur, wenn der Mensch beides ist, bereit dem Anspruch des höchsten Himmels und aufgehoben im Schutz der tragenden Erde.

Martin Heidegger

Mein Arbeit hilf vollbringen
zu Lob dem Namen dein
und lass mir wohl gelingen,
im Geist fruchtbar zu sein;
die Blümlein lass aufgehen
von Tugend mancherlei,
damit ich mög bestehen
und nicht verwerflich sei.

Martin Behm, EG 501,4

Schaffet, dass ihr selig werdet, mit Furcht und Zittern. Denn Gott ist's, der beides in euch wirkt, das Wollen und das Vollbringen, nach seinem Wohlgefallen.

nach Philipper 2,12-13

11. Januar

Ich träume von einer Welt, in der alle leben können ohne Geld, ohne Hass, ohne Streit.
Ich möchte leben irgendwo ohne Sorgen, ohne Not.
In einer sauberen Umwelt ohne Schmutz, ohne Dreck.
Ich möchte es erleben, irgendwann so glücklich zu sein, dass ich nicht mehr weinen muss.
Ich möchte leben in einer Gemeinschaft, in der die Leute zärtlich zueinander sind und die Liebe groß geschrieben wird.
Ich träume von einer Welt, in der keiner herrscht, frei von Unterdrückung und ohne Klassen.
Ich träume davon, dass meine Träume einmal Wirklichkeit werden.
Deshalb habe ich aufgehört zu träumen und habe die Ärmel aufgekrempelt, um für die Verwirklichung dieser Träume selbst etwas zu tun.

Mehmet Arat

Denn wo viel Mühe ist, da kommen Träume, und wo viel Worte sind, da hört man den Toren.

Prediger 5,2

12. Januar

Ich danke dir, Schöpfer,
dass du auf den Gedanken gekommen bist,
so ein wunderbares Geschöpf zu schaffen,
wie ich es bin.
Durcheinander und verquer, entgegen aller Logik –
doch so, wie ich sein muss;
dennoch bin ich dir wohl nützlich,
indem ich bin.

Janusz Korczak

Gott gab uns Atem, damit wir leben,
er gab uns Augen, dass wir uns sehn.
Gott hat uns diese Erde gegeben,
dass wir auf ihr die Zeit bestehn.

Gott gab uns Ohren, damit wir hören.
Er gab uns Worte, dass wir verstehn.
Gott will nicht diese Erde zerstören.
Er schuf sie gut, er schuf sie schön.

Gott gab uns Hände, damit wir handeln.
Er gab uns Füße, dass wir fest stehn.
Gott will mit uns die Erde verwandeln.
Wir können neu ins Leben gehn.

Eckart Bücken, EG 432,1-3

13. Januar

Und alles, was ihr tut mit Worten oder mit Werken, das tut alles im Namen des Herrn Jesus und dankt Gott, dem Vater, durch ihn.

Kolosser 3,17

Gib, dass ich tu mit Fleiß,
was mir zu tun gebühret,
wozu mich dein Befehl
in meinem Stande führet.
Gib, dass ich's tue bald,
zu der Zeit, da ich soll,
und wenn ich's tu, so gib,
dass es gerate wohl.

Johann Heermann, EG 495,2

Herr, verleihe mir die nötige Phantasie, im rechten Augenblick ein Päckchen Güte an der richtigen Stelle abzugeben.

Verfasser unbekannt

14. Januar

Im Winter geht die Sonn
erst mittags auf die Straße
und friert in höchstem Maße
und macht sich schnell davon.

Ein Rabe stelzt im Schnee
mit grau geschneitem Rücken,
in seinen Fußabdrücken
sieht man jeden Zeh.

Der Winter ist voll Grimm.
Doch wenn die Mutter Geld hat
und viel Briketts bestellt hat,
dann ist er nicht so schlimm.

Peter Hacks

Dein ist der Tag und dein ist die Nacht; du hast Gestirn und Sonne die Bahn gegeben.
Du hast dem Land seine Grenze gesetzt; Sommer und Winter hast du gemacht.

Psalm 74,16-17

15. Januar

Sorge nicht, wohin der einzelne Schritt dich führt; nur wer weit blickt, findet sich zurecht.

Dag Hammarskjöld

Manchmal wünschen wir uns einen geraden Weg, genaue Anweisungen und eine vorgeschriebene Richtung, damit wir nicht zu entscheiden brauchen, kein Risiko eingehen müssen und keine Fehler machen können. Aber dann gingen wir nicht unseren Weg. Denn nur die Freiheit zu entscheiden macht einen Weg zu unserem Weg.

Sonja Möhlenkamp

Führe mich, o Herr, und leite
meinen Gang nach deinem Wort;
sei und bleibe du auch heute
mein Beschützer und mein Hort.
Nirgends als von dir allein
kann ich recht bewahret sein.

Heinrich Albert, EG 445,5

16. Januar

Wenn die Bäume die Menschen sehen, haben sie Mitleid. Sie glauben, dass der Wind uns davonträgt, weil wir keine Wurzeln haben.
Die Wurzeln des Heute reichen ins Gestern. Ohne unsere Geschichte können wir nicht leben.
Wenn auch jeder in seiner Zeit seine eigenen Erfahrungen machen muss, so ist doch der heutige Tag nicht ohne den gestrigen zu verstehen und zu gestalten. Wir sind nie ohne unsere Vergangenheit mit ihren hellen und dunklen Tagen, mit ihrer Freude und ihren Belastungen. Trennten wir uns von unseren Wurzeln, wären wir wie Blätter in den Winden und Stürmen der Gegenwart.

Ulrich Heidenreich

Gedenke der vorigen Zeiten und hab Acht auf die Jahre von Geschlecht zu Geschlecht. Frage deinen Vater, der wird dir's verkünden, deine Ältesten, die werden dir's sagen.

5. Mose 32,7

17. Januar

Singt Gottes Lob im Winter auch,
er ist so treu und gut,
er nimmt vor Frost und Sturmeshauch
die Saat in seine Hut.

Er deckt sie mit dem Schnee so dicht,
so weich und sicher zu;
sie merkt den harten Winter nicht
und schläft in süßer Ruh.

Singt Gottes Lob zur Winterszeit!
Er ist so treu und gut,
er schenkt dem Sperling warmes Kleid
und warmes rasches Blut.

Er zeiget ihm sein Futter an,
ein Körnlein hie und da,
und führt ihn, dass er's finden kann
auf Wegen fern und nah.

O lobet Gott den Winter lang!
Er ist so treu und gut
und führt auch eurer Füße Gang
und gibt euch frohen Mut.

Wilhelm Hey

18. Januar

Wir verachteten die Welt, wie sie ist, wir durchschauten sie und wollten eine andere wagen. Und wir wagten sie auch. Wir wollten keine Angst haben vor den Leuten. Um nichts in der Welt. Wir wollten nicht lügen. Als wir sahen, dass wir die Angst nur verschwiegen, hassten wir einander. Unsere andere Welt dauerte nicht lang.

Max Frisch

Fürchte dich nicht,
gefangen in deiner Angst, mit der du lebst.
Fürchte dich nicht,
gefangen in deiner Angst. Mit ihr lebst du.
Fürchte dich nicht,
getragen von seinem Wort, von dem du lebst.
Fürchte dich nicht,
getragen von seinem Wort. Von ihm lebst du.
Fürchte dich nicht,
gesandt in den neuen Tag, für den du lebst.
Fürchte dich nicht,
gesandt in den neuen Tag. Für ihn lebst du.

Fritz Baltruweit

19. Januar

Niemand kann zwei Herren dienen:
entweder er wird den einen hassen und den andern lieben, oder er wird an dem einen hängen und den andern verachten.

Matthäus 6,24

In Ropschitz, Rabbi Naftalis Stadt, pflegten die Reichen, deren Häuser einsam oder am Ende des Ortes lagen, Leute zu dingen, die nachts über ihren Besitz wachen sollten. Als Rabbi Naftali sich eines Abends spät am Rande des Waldes erging, der die Stadt säumte, begegnete er solch einem auf und nieder wandelnden Wächter. „Für wen gehst du?", fragte er ihn. Der gab Bescheid, fügte aber die Gegenfrage daran: „Und für wen geht ihr, Rabbi?" Das Wort traf den Zaddik wie ein Pfeil. „Noch gehe ich für niemand", brachte er mühsam hervor, dann schritt er lange schweigend neben dem Mann auf und nieder. „Willst du mein Diener werden?", fragte er endlich. „Das will ich gern", antwortete jener, „aber was habe ich zu tun?" „Mich zu erinnern", sagte Rabbi Naftali.

Martin Buber

20. Januar

Wohin soll ich gehen vor deinem Geist, und wohin soll ich fliehen vor deinem Angesicht? Führe ich gen Himmel, so bist du da; bettete ich mich bei den Toten, siehe, so bist du auch da. Nähme ich Flügel der Morgenröte und bliebe am äußersten Meer, so würde auch dort deine Hand mich führen und deine Rechte mich halten. Spräche ich: Finsternis möge mich decken und Nacht statt Licht um mich sein –, so wäre auch Finsternis nicht finster bei dir, und die Nacht leuchtete wie der Tag. Finsternis ist wie das Licht.

Psalm 139,7-12

Ein Mensch, der recht sich überlegt,
Dass Gott ihn anschaut unentwegt,
Fühlt mit der Zeit in Herz und Magen
Ein ausgesprochnes Unbehagen
Und bittet schließlich Ihn voll Grauen,
Nur fünf Minuten wegzuschauen.
Er wolle unbewacht, allein
Inzwischen brav und artig sein.
Doch Gott, davon nicht überzeugt,
Ihn ewig unbeirrt beäugt.

Eugen Roth

21. Januar

Richtet nicht, damit ihr nicht gerichtet werdet.

Matthäus 7,1

Ach Gott,
unnötig machen wir uns das Leben schwer.
Wir richten und urteilen, wo wir weder Amt noch Auftrag haben, und wundern uns, dass wir gerichtet werden von solchen, die das gar nichts angeht.
Wo wir berufen sind zu urteilen, zu richten und zu erziehen, zielen wir zwar auf die Sache, aber treffen doch meist den Menschen.
Und die, die wir lieben, prägen wir oft nach eigenem Bild, damit sie uns gleich seien, als wären wir Gott.
Lass uns behutsam sein im täglichen Umgang miteinander, schaffe uns neu, forme uns und erziehe uns nach deinem Bild, wie es Gestalt annahm in Jesus Christus, deinem Sohn.
Amen.

Knut Wenzel Backe

22. Januar

Traue nicht deinen Augen,
traue deinen Ohren nicht,
du siehst Dunkel,
vielleicht ist es Licht.

Bertolt Brecht

In ihm war das Leben, und das Leben war das Licht der Menschen. Und das Licht scheint in der Finsternis, und die Finsternis hat's nicht ergriffen.

Johannes 1,4-5

Du lieber Gott,
und wenn man auch allen Sonnenschein wegstreicht,
so gibt es noch den Mond und die hübschen Sterne
und die Lampe am Winterabend.
Es ist so viel schönes Licht in der Welt.

Wilhelm Raabe, um 1900

23. Januar

Wer reich werden will, soll nicht hasten.

Aus Afrika

Es gibt in Europa nur wenige Menschen, die wirklich Zeit haben. Vielleicht gar keine. Daher rennen auch die meisten durchs Leben wie ein geworfener Stein. Sie tun gerade so, als ob ein Mensch, der schnell geht, mehr wert sei und tapferer als der, welcher langsam geht. Ich glaube, die Zeit entschlüpft ihnen wie eine Schlange in nasser Hand. Sie lassen sie nicht zu sich kommen. Sie jagen immer mit ausgestreckten Händen hinter ihr her. Sie gönnen ihr die Ruhe nicht, sich in der Sonne zu lagern. Die Zeit aber ist still und friedfertig und liebt die Ruhe und das breite Lagern auf der Matte.

Erich Scheurmann

So seht nun sorgfältig darauf, wie ihr euer Leben führt, nicht als Unweise, sondern als Weise, und kauft die Zeit aus.

Epheser 5,15-16

24. Januar

Wir werden einmal alle alt und stille werden und werden wissen, was wesentlich ist und was ungestraft gelöscht werden kann. Einmal wird unser Auge ruhig werden und müde unser Schritt, und Sonnenuntergang wird unseren Abend färben.
Ich kenne einen alten Mann, der immer schwere Lasten trug und sich der Mühe nie entzog. Ich denke an sein stilles Antlitz, an das Wissen vieler einsamer Wege. Sein Leben war hart und dürftig, doch der milde Klang seiner Stimme zeigte Güte ohne Bitterkeit.
Wir werden einmal alle alt und müde.
Lasst uns beten, dass unsere Stimmen milder werden und unsere Gesichter Verkünder des Friedens.

Viola Renvall

Den alten Männern sage, dass sie nüchtern seien, ehrbar, besonnen, gesund im Glauben, in der Liebe, in der Geduld.

Titus 2,2

25. Januar

Rabbi Baruch sprach: „Nicht das war das große Werk Elijas, dass er Wunder tat, sondern dass, als das Feuer vom Himmel fiel, das Volk nicht vom Wunder redete, sondern alle riefen: ‚Der Herr ist Gott!'"

Martin Buber

In einer sowjetischen Kolchose: „Gott sei Dank", sagt die Bäuerin, „es kommt jetzt Regen."
„Aber Genossin", antwortet der Leiter der Kolchose, „du weißt doch, dass es einen Gott, Gott sei Dank, nicht gibt."
„Sicher, Genosse, aber wenn es nun, was Gott verhüten möge, doch einen gibt?"

Verfasser unbekannt

Habe ich dir nicht gesagt: Wenn du glaubst, wirst du die Herrlichkeit Gottes sehen?

Johannes 11,40

26. Januar

Wenn wir aber im Licht wandeln, wie er im Licht ist, so haben wir Gemeinschaft untereinander.

1. Johannes 1,7

Wir sitzen alle im selben Boot inmitten der Turbulenzen der Zeit und der Welt. Die Fahrt hat begonnen mit Arbeit und Anstrengung, aber auch mit dem Lachen der Hoffnung. Gott lässt uns jeden Tag zu neuen Ufern aufbrechen – zuletzt zu den Stränden der Ewigkeit.

Ulrich Heidenreich

Keiner kann allein
Segen sich bewahren.
Weil du reichlich gibst,
müssen wir nicht sparen.
Segen kann gedeihn,
wo wir alles teilen,
schlimmen Schaden heilen,
lieben und verzeihn.

Dieter Trautwein, EG 170,2

27. Januar

Ständig sind wir bestrebt festzuhalten, was unserem Leben Sicherheit und Bedeutung gab, und doch sind wir zu stets neuem Aufbruch gerufen.

Ulrich Heidenreich

Die Hoffnung, die das Risiko scheut, ist keine Hoffnung. Hoffen heißt, an das Abenteuer der Liebe glauben, Vertrauen zu den Menschen haben, den Sprung ins Ungewisse tun und sich ganz Gott überlassen.

Dom Helder Camara

Und der Herr sprach zu Abram:
Geh aus deinem Vaterland und von deiner Verwandtschaft und aus deines Vaters Hause in ein Land, das ich dir zeigen will.

1. Mose 12,1

Wir brauchen nicht so fortzuleben, wie wir gestern gelebt haben. Macht euch nur von dieser Anschauung los, und tausend Möglichkeiten laden uns zu neuem Leben ein.

Christian Morgenstern

28. Januar

Das Heil ist fern von den Gottlosen; denn sie achten deine Gebote nicht.

Psalm 119,155

Was einen Menschen zum Menschen macht, ist eigentlich das Gottesverhältnis. Und gerade dies geht dem Gesellschafter ab, obwohl ihn jeder unbedenklich für einen wirklichen Menschen ansehen würde. Denn dass die Innerlichkeit fehlt, das sieht man ja nicht unmittelbar. Er ist doch eher eine Marionettenfigur, die alles Äußerlich-Menschliche sehr täuschend nachahmt – sogar, dass er mit seiner Frau Kinder in die Welt setzt.
Aber am Ende seines Lebens muss man von ihm sagen, eines sei ihm entgangen: Er ist nicht auf Gott aufmerksam geworden.

Sören Kierkegaard

Ohne Gott bin ich ein Fisch am Strand,
ohne Gott ein Tropfen in der Glut.
Ohne Gott bin ich ein Gras im Sand
und ein Vogel, dessen Schwinge ruht.
Wenn mich Gott bei meinem Namen ruft,
bin ich Wasser, Feuer, Erde, Luft.

Jochen Klepper

29. Januar

Denn dein ist das Reich und die Kraft und die Herrlichkeit in Ewigkeit.

Matthäus 6,13

Aus dem Erleben der Zuwendung Gottes erwächst in uns das Lob seiner Herrlichkeit. Wenn wir die Wegzeichen erkennen, die uns auf seine Spuren in unserem Leben aufmerksam machen, wenn wir Gott in den Verkleidungen erkennen, in denen er uns begegnet, dann singen wir ihm das Lied unseres Lebens.

Ulrich Heidenreich

Christen sind ein seliges Volk, die können sich freuen im Herzen und rühmen, pochen, tanzen und springen. Das gefällt Gott wohl und tut unserm Herzen sanft, wenn wir auf Gott trotzen, stolzieren und fröhlich sind.

Martin Luther

30. Januar

Der Herr, der Mächtige, Ursprung und Vollender aller Dinge, ***segne dich***, gebe dir Gedeihen und Wachstum, Gelingen deinen Hoffnungen, Frucht deinen Mühen, ***und behüte dich*** vor allem Argen, sei dir Schutz in Gefahr und Zuflucht in Angst.
Der Herr lasse leuchten sein Angesicht über dir, wie die Sonne über der Erde Wärme gibt dem Erstarrten und Freude dem Lebendigen; ***und sei dir gnädig***, wenn du verschlossen bist in Schuld, erlöse dich von allem Bösen und mache dich frei.
Der Herr erhebe sein Angesicht auf dich. Er sehe dein Leid und höre deine Stimme, er heile und tröste dich ***und gebe dir Frieden***, das Wohl des Leibes und das Wohl der Seele, Liebe und Glück.
Amen – so will es der Herr, der von Ewigkeit zu Ewigkeit bleibt, so steht es fest nach seinem Willen für dich.

Ulrich Heidenreich, nach 4. Mose 6,24-26

Geborgenheit und Aufbruch, loslassen und neu beginnen, empfangen und geben, gesegnet sein und zum Segen werden – all das ist der Spannungsbogen im Leben derer, die unterwegs sind mit Gott.

Ulrich Heidenreich

31. Januar

Und dräut der Winter noch so sehr
mit trotzigen Gebärden,
und streut er Eis und Schnee umher,
es muss doch Frühling werden.

Blast nur, ihr Stürme, blast mit Macht,
mir soll darob nicht bangen,
auf leisen Sohlen über Nacht
kommt doch der Lenz gegangen.

Drum still! Und wie es frieren mag,
o Herz, gib dich zufrieden,
es ist ein großer Maientag
der ganzen Welt beschieden.

Und wenn dir oft auch bangt und graut,
als sei die Höll' auf Erden,
nur unverzagt auf Gott vertraut!
Es muss doch Frühling werden.

Emanuel Geibel

Du bist mein Gott, und ich danke dir; mein Gott, ich will dich preisen. Danket dem Herrn; denn er ist freundlich, und seine Güte währet ewiglich.

Psalm 118,28-29

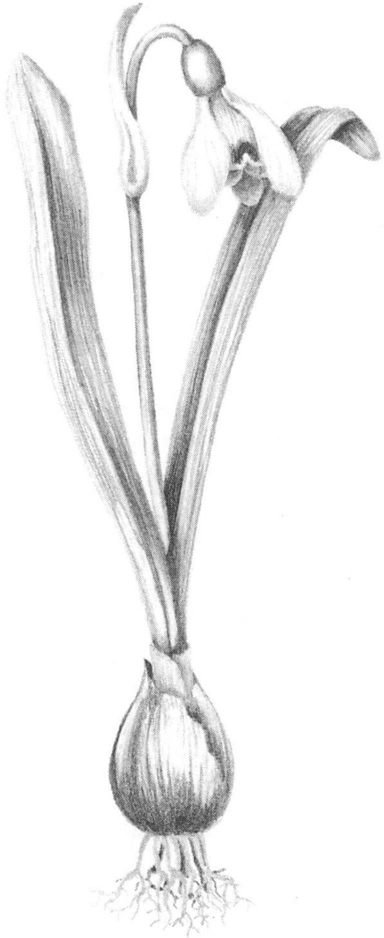

Februar

1. Februar

Die Einbildung tröstet die Menschen über das, was sie nicht sein können – und der Humor tröstet sie über das, was sie wirklich sind.

Albert Camus

Traurigkeit ist ein Instrument des Teufels, wodurch er viel ausrichtet. Denn je trauriger einer ist und seinen Gedanken nachhängt, desto mehr kann der Teufel mit ihm anfangen ... wo es schon vorher nass ist, da kann man leicht nachschütten, dass es ganz schlüpfrig und rutschig wird. Und wo der Zaun am niedrigsten ist, da kann man leicht drübersteigen. Wo Traurigkeit ist, da steht die Sache des Teufels gegen uns gut. Darum betet fleißig, und wenn ihr traurig seid, so geht zu gottseligen Leuten und lasst euch mit Gottes Wort trösten.

Martin Luther

2. Februar

Es ist für uns wichtig, zu wissen und zu spüren, dass wir gebraucht werden. Das hat nichts mit unserem Alter und unserer Leistungsfähigkeit zu tun, sondern nur damit, dass uns deutlich wird:
Wenn es mich nicht gäbe, dann wäre da eine Lücke, dann würde etwas – dann würde einer fehlen.
Wir sind nicht wer, weil wir etwas leisten, sondern weil Gott uns liebt.
„Ich habe dich bei deinem Namen gerufen, du bist mein“, sagt er uns durch den Propheten. Wir bedeuten ihm etwas, wir sind ihm wichtig, wir würden ihm fehlen.

Ulrich Heidenreich

Ich will den Herrn loben, solange ich lebe, und meinem Gott lobsingen, solange ich bin. Wohl dem, dessen Hilfe der Gott Jakobs ist, der seine Hoffnung setzt auf den Herrn, seinen Gott.

Psalm 146,2+5

3. Februar

Es ist seltsam mit dem Alter:
Wenn man zwölf ist und noch Kind,
weiß man glasklar, dass das Alter
so um zwanzig rum beginnt.

Ist man selber aber zwanzig,
denkt man nicht mehr ganz so steif,
glaubt jedoch, so um die dreißig
sei man für den Sperrmüll reif.

Dreißiger, schon etwas weiser
und vom Lebenskampf geprägt,
haben den Beginn des Alters
auf Punkt vierzig festgelegt.

Vierziger, mit Hang zum Grübeln,
sagen dumpf wie ein Fagott,
fünfzig sei die Altersgrenze,
und von da an sei man Schrott.

Doch die Fünfziger, die Klugen,
denken überhaupt nicht dran:
Jung sind alle, die noch lachen,
das Alter fängt mit hundert an!

Verfasser unbekannt

4. Februar

Das Glück ist in uns.
Wie wäre es sonst möglich, dass ein Bettler lächelt und ein Reicher es verlernt haben kann?

Curt Goetz

Sich zu begnügen ist weise. Irgendwann zu sagen: Es ist genug. Ich habe genug. Warum bringen wir das so selten fertig?
Sich zu bescheiden fällt uns schwer. Unruhe überfällt uns, wenn wir sehen, was andere besitzen und sich leisten können. Kommt der Neid auf, geht die Zufriedenheit verloren.

Peter Klever

Ich sah alles Mühen an und alles geschickte Tun: da ist nur Eifersucht des einen auf den andern. Das ist auch eitel und Haschen nach Wind. Besser eine Hand voll mit Ruhe als beide Fäuste voll mit Mühe und Haschen nach Wind.

Prediger 4,4+6

5. Februar

Geh unter der Gnade, geh mit Gottes Segen,
geh in seinem Frieden, was auch immer du tust.
Geh unter der Gnade, hör auf Gottes Worte,
bleib in seiner Nähe, ob du wachst oder ruhst.

Alte Stunden, alte Tage
lässt du zögernd nur zurück.
Wohlvertraut wie alte Kleider
sind sie dir durch Leid und Glück.

Neue Stunden, neue Tage –
zögernd nur steigst du hinein.
Wird die neue Zeit dir passen?
Ist sie dir zu groß, zu klein?

Gute Wünsche, gute Worte
wollen dir Begleiter sein.
Doch die besten Wünsche
münden alle in den einen ein:

Geh unter der Gnade, geh mit Gottes Segen,
geh in seinem Frieden, was auch immer du tust.
Geh unter der Gnade, hör auf Gottes Worte,
bleib in seiner Nähe, ob du wachst oder ruhst.

Manfred Siebald

6. Februar

Ich hebe meine Augen auf zu den Bergen. Woher kommt mir Hilfe? Meine Hilfe kommt vom Herrn, der Himmel und Erde gemacht hat.

Psalm 121,1-2

Mein Körper ist schwach. Meine Gedanken sind erschrocken. Meine Seele fürchtet sich. So vieles fällt mir schwer. So vieles behindert mich. So vieles macht mir Angst. *Herr, erbarme dich!*
Meine Stimme ist stumm geworden. Meine Augen sind trübe. Meine Kraft lässt nach. Allein kann ich nicht leben. Allein verliere ich jede Orientierung. Allein fehlt mir alle Hoffnung. *Herr, erbarme dich!*
Was schwach ist, muss nicht schwach bleiben. Was klein ist, kann wachsen und werden. Was allein nicht geht, geht vielleicht zusammen. Wer einsam ist, muss nicht einsam bleiben. *Herr, erbarme dich!* Amen.

Ulrich Heidenreich

7. Februar

*Freuen dürfen sich alle,
die nur noch von Gott etwas erwarten
und nicht von sich selbst;
denn sie werden mit ihm in der neuen Welt leben.*

*Freuen dürfen sich alle,
die unter der Not der Welt leiden;
denn Gott wird ihnen ihre Last abnehmen.*

*Freuen dürfen sich alle,
die keine Gewalt anwenden;
denn Gott wird ihnen die Erde zum Besitz geben.*

*Freuen dürfen sich alle,
die brennend darauf warten,
dass Gottes Wille geschieht;
denn Gott wird ihre Sehnsucht stillen.*

*Freuen dürfen sich alle,
die barmherzig sind;
denn Gott wird auch mit ihnen barmherzig sein.*

nach Matthäus 5,3-7

8. Februar

Wenn einer aus Indien oder dem Mohrenland käme – oder wo er sonst herkäme – und sagte: Ich glaube an Christus, so würde ich sagen: So glaube ich auch und so werde ich auch selig.
Es stimmen im Glauben und in dem Bekenntnis die Christen miteinander überein, obwohl sie sonst in der ganzen Welt hin und wieder zerstreut sind.
Denn es heißt nicht eine römische noch nürnbergische oder wittenbergische Kirche, sondern eine christliche Kirche, wohin denn alle gehören, die an Christus glauben ...
Was da nur getauft ist und an Christus glaubt, gleichviel, er sei aus dem Morgenlande oder Abendlande, so hat keiner einen Vorteil vor dem anderen.

Martin Luther

Redet alle mit einer Stimme und lasst keine Spaltungen unter euch sein, sondern haltet aneinander fest in ***einem*** *Sinn und in* ***einer*** *Meinung.*

nach 1. Korinther 1,10

9. Februar

Gott ist unser Vater. Warum reden wir nicht mit ihm, wie wir mit unserm Vater reden?
Der König Hiskia (2. Könige 19) hat uns solches Reden mit Gott vorgemacht: Er hatte einen bösen Brief seiner Feinde bekommen. Mit dem ging er zum Tempel und breitete ihn aus vor dem Herrn. „Da, lies mal selbst, was ich hier bekommen habe, tu deine Augen auf und sieh."
Beten ist also auch: Gott sagen, was gerade bei mir los ist, ob ich fröhlich oder traurig, lustig oder wütend bin. Dass er in Jesus unser Bruder wurde, das heißt doch auch: Wir kommen in Gottes Biographie vor und er will teilhaben an unserer Biographie.

Ulrich Heidenreich

Herr, neige deine Ohren und höre,
tu deine Augen auf und sieh.

nach 2. Könige 19,16

10. Februar

Herr, segne meine Hände,
dass sie behutsam seien,
dass sie halten können,
ohne zur Fessel zu werden,
dass sie geben können ohne Berechnung,
dass ihnen innewohne die Kraft,
zu trösten und zu segnen.

Herr, segne meine Augen,
dass sie Bedürftigkeit wahrnehmen,
dass sie das Unscheinbare nicht übersehen,
dass sie hindurchschauen
durch das Vordergründige,
dass andere sich wohl fühlen können
unter meinem Blick.

Herr, segne mein Herz,
dass es Wohnstatt sei deinem Geist,
dass es Wärme schenken und bergen kann,
dass es reich sei an Verzeihung,
dass es Leid und Freude teilen kann.

Was hätte unsere Welt nötiger
als schenkende, tröstende, segnende Menschen?

Verfasser unbekannt

11. Februar

Sie (die Christen) lieben einander. Die Witwen missachten sie nicht; die Waisen befreien sie von dem, der sie misshandelt.
Wer hat, gibt neidlos dem, der nicht hat. Wenn sie einen Fremdling erblicken, führen sie ihn unter Dach und freuen sich über ihn wie über einen leiblichen Bruder. Denn sie nennen sich nicht Brüder dem Leibe nach, sondern Brüder im Geiste und in Gott ...
Und ist unter ihnen irgendein Armer oder Dürftiger und sie haben keinen überflüssigen Bedarf, so fasten sie zwei bis drei Tage, damit sie den Dürftigen ihren Bedarf an Nahrung decken.

Aristides von Athen, um 140

Tut alles ohne Murren und ohne Zweifel, damit ihr ohne Tadel und lauter seid, Gottes Kinder, ohne Makel mitten unter einem verdorbenen und verkehrten Geschlecht, unter dem ihr scheint als Lichter in der Welt.

Philipper 2,14-15

12. Februar

Drei Frauen kommen an einen Brunnen, um Wasser zu schöpfen. Sie sprechen von ihren Söhnen.
„Meinen Sohn solltet ihr singen hören“, sagt die erste, „das tönt so schön, als wenn eine Nachtigall singen würde.“
Die zweite sagt: „Mein Sohn ist stark und schnell. Er schleudert einen Stein fast bis zu den Wolken und fängt ihn wieder auf.“
Die dritte schweigt.
Da fragen die anderen: „Und dein Sohn?“
„Was soll ich erzählen“, sagt sie, „mein Sohn ist ein junger Bursche wie andere auch.“
Nun machen sich die drei Frauen auf den Heimweg. Die Sonne brennt; der Wassereimer wird schwer. Da kommen den Frauen drei junge Burschen entgegen. Der erste singt so schön wie eine Nachtigall, der zweite schleudert Steine in die Luft und fängt sie wieder auf, der dritte aber läuft und nimmt seiner Mutter den Eimer ab.
Ein alter Mann neben dem Brunnen hat alles mitangesehen. Eine der Frauen fragt ihn: „Nun, was sagst du zu unseren drei Söhnen?“
„Drei Söhne?“, fragt der Alte, „ich sehe nur einen.“

Leo N. Tolstoi

13. Februar

da liegt schon wieder einer
der nicht aufkann
der nicht weiterkann
diesmal nicht in der wüste
weit weg
diesmal
mitten in der stadt
in deiner stadt in meiner stadt
in unserer stadt
in der heiligen stadt

...

lernen wir doch sehen
ob nicht nebenan
in unserem kirchlichen bereich
in unserem tempel und
verwaltungsbetrieb
einer und noch einer
und noch einer liegt
dem ein mensch fehlt
der ihm aufhilft
ein engel

Wilhelm Willms (Auszug)

Auf dem Wege der Gerechtigkeit ist Leben;
aber böser Weg führt zum Tode.

Sprüche 12,28

14. Februar

Auch die Zeit unserer alltäglichen Pflichten ist Zeit unseres Lebens: – zu wertvoll, um sie lieblos zu vertun – zu schön, um sie verdrossen zu vertreiben.

Ulrich Heidenreich

Keine Zeit?
„Mutti, warum willst du nicht mit mir spielen?" – „Weil ich keine Zeit habe." – „Warum hast du keine Zeit?" – „Weil ich arbeiten muss." – „Warum arbeitest du?" – „Um Geld zu verdienen." – „Warum verdienst du Geld?" – „Um dir Essen zu geben." – „Mutti, ich habe keinen Hunger!"

Verfasser unbekannt

Es ist umsonst, dass ihr früh aufsteht und hernach lange sitzet und esset euer Brot mit Sorgen; denn seinen Freunden gibt er es im Schlaf.

Psalm 127,2

15. Februar

Wer zwei Hemden hat, der gebe dem, der keines hat; und wer zu essen hat, tue ebenso.

Lukas 3,11

Sie trinken auf ihre neue Freundschaft.
„Wenn du fünf Fernsehgeräte hättest, würdest du mir eins schenken?“
„Freilich.“
„Wenn du fünf Autos hättest, würdest du mir eins schenken?“
„Freilich.“
„Wenn du fünf Hemden hättest, würdest du mir eins schenken?“
Der Gefragte schüttelt den Kopf.
„Warum nicht?“
„Ich habe fünf Hemden.“

Peter Bamm

16. Februar

Ein bisschen Güte von Mensch zu Mensch ist besser als alle Liebe zur Menschheit.

Richard Dehmel

Habe ich eine gute Tat vollbracht, so soll die mein Denkmal sein; und wenn nicht, so helfen alle Bildsäulen nichts.

Plutarch

Ein kleines frierendes Mädchen ging hungernd und hoffnungslos auf der Straße daher.
Ein frommer Mann, der das sah, sagte zornig zu Gott: „Wie kannst du das zulassen? Warum tust du nichts dagegen?"
Eine Zeit lang herrschte Schweigen.
Dann aber antwortete ihm Gott: „Ich habe doch etwas dagegen getan; ich habe dich erschaffen."

Arabische Fabel

Wenn aber jemand dieser Welt Güter hat und sieht seinen Bruder darben und schließt sein Herz vor ihm zu, wie bleibt dann die Liebe Gottes in ihm?

1. Johannes 3,17

17. Februar

Nimm jedes Tages Last getrost auf dich;
sie sind gezählt, die Tage und die Lasten.

Johann Kaspar Lavater

„Wird dir die Last nicht zu schwer?“, wurde in Asien ein kleiner Junge gefragt, der seinen kranken Bruder auf der Schulter trug. „Das ist keine Last, das ist mein Bruder“, antwortete der Kleine.

Nach einer Überlieferung

Kommt her zu mir alle, die ihr mühselig und beladen seid; ich will euch erquicken.

Matthäus 11,28

Vergibst mir täglich so viel Schuld,
du Herr von meinen Tagen;
ich aber sollte nicht Geduld
mit meinen Brüdern tragen,
dem nicht verzeihn, dem du vergibst,
und den nicht lieben, den du liebst?

Christian Fürchtegott Gellert, EG 412,6

18. Februar

Mir wird allemal wohl, wenn ich einen Menschen finde, der dem Lärm und dem Geräusch immer so aus dem Wege geht und gerne allein ist. Der, denke ich denn, hat wohl ein gutes Gewissen; er lässt die schnöden Linsengerichte stehen und geht vorüber, um bei sich einzukehren, wo er bessere Kost hat und seinen Tisch immer gedeckt findet.
Wehe den Menschen, die nach Zerstreuung haschen müssen, um sich einigermaßen aufrecht zu erhalten!
Doch wehe siebenmal den Unglücklichen, die Zerstreuung und Geschäftigkeit suchen müssen, um sich selbst aus dem Wege zu gehen!
Sie fürchten, allein zu sein; denn in der Einsamkeit und Stille rührt sich der Wurm, der nicht stirbt, wie sich die Tiere des Waldes in der Nacht rühren und auf Raub ausgehen.
Aber selig ist der Mensch, der mit sich selbst in Frieden ist und unter allen Umständen frei und unerschrocken auf und um sich sehen kann!
Es gibt auf Erden kein größeres Glück.

Matthias Claudius

19. Februar

Mein kleiner Enkel ist fünf Monate alt. Schon erkennt er vertraute Menschen und seine Bewegungen werden gezielter. Am schönsten ist es, wenn seine Mutter sich über ihn beugt. Dann lacht sein ganzes Gesicht, und in diesem strahlenden Kindergesicht ist Glaube und Hoffnung und Liebe vereint. Er lebt noch ganz in der Liebe, die für ihn glaubt und für ihn hofft, und darin liegen für ihn das Glück und die Freude dieser Welt.

Ulrich Heidenreich

Lasst die Kinder zu mir kommen
und wehret ihnen nicht;
denn solchen gehört das Reich Gottes.

Markus 10,14

Worüber lächelst du, Kind?
Wie glücklich wäre ich, wenn du lächeltest aus Zuversicht und Hoffnung gegenüber dem Leben.
Aber noch glücklicher wäre ich, wenn du lernen könntest, stets ein Lächeln zu bewahren: aus Freude angesichts von Güte, aus Verständnis angesichts von Schwäche, aus Mut angesichts von Scheitern, aus Dankbarkeit beim Gedanken an Gott.

Dom Helder Camara

20. Februar

Mein Sohn Matthes schenkte mir zwei kleine Schiffe. Sie sind aus goldenem Stanniolpapier und haben eine besondere Eigenart: Niemand sieht ihnen an, dass sie Schiffe sind.
Gekrümmte Papierblättchen. Wenn ich es nicht von Matthes erfahren hätte, so wüsste ich auch nicht, dass es zwei Schiffe sind. „Wozu hast du die Goldpapierfetzchen auf dem Bücherregal?“, werde ich gefragt. „Lasst sie liegen; es sind zwei Schiffe!“
Die Schiffe werden auf dem Bücherbord bleiben, bis der älter gewordene Matthes mir etwas anderes dafür hinstellt.
Ich denke an mein erstes Gedicht. Es war ein Fetzchen bekritzeltes Papier und niemand wollte es als Gedicht gelten lassen.

Erwin Strittmatter

Nicht sieht der Herr auf das,
worauf ein Mensch sieht.
Ein Mensch sieht, was vor Augen ist;
der Herr aber sieht das Herz an.

nach 1. Samuel 16,7

21. Februar

Und nun spricht der Herr, der dich geschaffen hat,
Jakob, und dich gemacht hat, Israel:
Fürchte dich nicht, denn ich habe dich erlöst;
ich habe dich bei deinem Namen gerufen;
du bist mein!

Jesaja 43,1

Glücklich bin ich, weil du mich angenommen hast, gnädiger Herr. Manchmal weiß ich nicht, wohin mit dem Glück. Ich schwimme in deiner Gnade wie ein Wal im Meer.
Die See wird nie trocken, sagt ein Sprichwort, und wir wissen, auch deine Gnade trocknet nie aus.
Gnädiger Herr, deine Gnade ist unser Glück.
Halleluja.

Fritz Pawelzik

22. Februar

Ein alter Mann ist stets ein fremder Mann.
Er spricht von alten, längst vergangnen Zeiten,
von Toten und verschollenen Begebenheiten ...
wir denken: „Was geht uns das an?“

Ein alter Held ist nur ein alter Mann,
wie uns die Jahre trennen!
Erfahrung war umsonst.
Die Menschen starten für das Rennen,
und jeder fängt für sich von vorne an.

Für uns ist er ein Mann von irgendwo.
Ihm fehlt sein Zeitland, wo die Seinen waren,
er spricht nicht unsre Sprache,
hat ein fremd Gebaren ...
und wenn wir einmal alt sind und bei Jahren:
dann sind wir grade so.

Kurt Tucholsky

Die Jugend demonstriert ihre Stärke in glänzender Fassade, ehrgeizigem Streben und imposanter Leistung. Das Alter überzeugt mit dem Charme der Zeit.

Sonja Möhlenkamp

23. Februar

Wer vom Ziel nicht weiß,
kann den Weg nicht haben.

Christian Morgenstern

Das Leben besteht aus vielen möglichen Wegen.
Manche Wege kreuzen sich.
Viele Wege sind durch Pfade
miteinander verbunden,
so dass man auf Umwegen
ursprünglichen Zielen folgen kann.
Für einige Wege gibt es nur eine Chance,
sie zu gehen.

Sonja Möhlenkamp

Geh hin; dir geschehe, wie du geglaubt hast.

Matthäus 8,13

24. Februar

Haben wir nicht alle ***einen*** *Vater?*
Hat uns nicht ***ein*** *Gott geschaffen?*
Warum verachten wir denn einer den andern und entheiligen den Bund mit unsern Vätern?

Maleachi 2,10

Als Rabbi Menachem von Kosow einst bestürmt wurde: „Warum kommt der Messias nicht?“, sagte er: „Es steht geschrieben: ‚Warum ist der Sohn Isais weder gestern noch heute gekommen?‘ Warum nicht? Weil wir heute sind, wie wir gestern waren.“

Martin Buber

Bemüht euch zuerst, das zu sein, wozu ihr andre machen wollt, den Glauben zu haben, den ihr andern anpreist! Macht für Christus und den Heiligen Geist, die ihr andern verkündigt, zuerst eine Wohnung in euren eigenen Herzen!

Charles Haddon Spurgeon

25. Februar

Es ist mitunter schwer, es zugleich den Leuten und der Wahrheit recht zu machen.

Thomas Mann

Wir sehen mit Grauen ringsherum:
Die Leute werden alt und dumm.
Nur wir allein im weiten Kreise,
wir bleiben jung und werden weise.

Eugen Roth

Ein Mann, der Herrn Keuner lange nicht gesehen hatte, begrüßte ihn mit den Worten: „Sie haben sich gar nicht verändert."
„Oh!", sagte Herr Keuner und erbleichte.

Bertolt Brecht

Der Menschen Hoffart muss vergehn,
mag nicht vor deiner Hand bestehn;
wer sich verlässt auf seine Pracht,
dem hast du bald ein End gemacht.

Erasmus Alber, EG 308,5

26. Februar

Einer fragte Herrn Keuner, ob es einen Gott gäbe. Herr Keuner sagte: „Ich rate dir, nachzudenken, ob dein Verhalten je nach der Antwort auf diese Frage sich ändern würde. Würde es sich nicht ändern, dann können wir die Frage fallen lassen. Würde es sich ändern, dann kann ich dir wenigstens noch soweit behilflich sein, dass ich dir sage, du hast dich schon entschieden: Du brauchst einen Gott."

Bertolt Brecht

Ich will lieber die Tür hüten in meines Gottes Hause als wohnen in der Gottlosen Hütten.
Denn Gott der Herr ist Sonne und Schild; der Herr gibt Gnade und Ehre. Er wird kein Gutes mangeln lassen den Frommen.

Psalm 84,11-12

27. Februar

Wer erfährt, dass Gott uns mit Gutem überschüttet, dessen Herz wird freundlich gegen den Nächsten.

Hans Asmussen

Verharren wir aber in dem Bestreben, das Falsche, Ungehörige, Unzulängliche, was sich in uns und andern entwickeln oder einschleichen könnte, durch Klarheit und Redlichkeit auf das Möglichste zu beseitigen!

Johann Wolfgang von Goethe

Richtet recht, und ein jeder erweise seinem Bruder Güte und Barmherzigkeit, und tut nicht Unrecht den Witwen, Waisen, Fremdlingen und Armen, und denke keiner gegen seinen Bruder etwas Arges in seinem Herzen!

Sacharja 7,9-10

28. Februar

Ihr sollt heilig sein, denn ich bin heilig,
der Herr, euer Gott.

3. Mose 19,2

Wir dienen, Herr, um keinen Lohn,
es wär uns selbst zum Schaden.
Doch stehen wir um deinen Thron
im Abglanz deiner Gnaden.

Auch fordert keiner Dank und Recht;
er wäre ja verloren.
Du hast den ungetreuen Knecht
dir selbst zum Sohn erkoren.

Erneuerst täglich deinen Bund
in Jesu Christi Namen.
Wir stehn auf keinem andern Grund
als auf dem deinen. Amen.

Rudolf Alexander Schröder

29. Februar

Die Toren sprechen in ihrem Herzen: „Es ist kein Gott." Der Herr schaut vom Himmel auf die Menschenkinder, dass er sehe, ob jemand klug sei und nach Gott frage.

Psalm 14,1-2

Kardinal Faulhaber und Professor Einstein saßen bei einem Festessen nebeneinander. Einstein meinte: „Eminenz, was würden Sie sagen, wenn wir Mathematiker Ihnen rechnerisch einwandfrei beweisen würden, dass es keinen Gott gibt?"
Darauf der Kardinal: „Ich würde in Geduld warten, bis Sie Ihren Rechenfehler gefunden haben."

Verfasser unbekannt

Gott verlangt nicht, dass wir ihm gegenüber unsern Verstand ausschalten, und gedenkt nicht, uns tyrannisch zu unterjochen. Er denkt aber auch nicht daran, uns über alles Rechenschaft zu geben.

Blaise Pascal

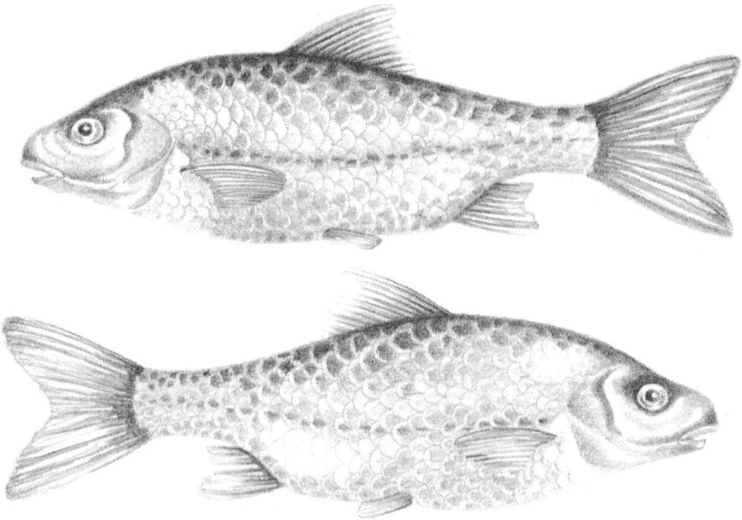

März

1. März

Gott, zu dir rufe ich am frühen Morgen
hilf mir beten und meine Gedanken sammeln;
ich kann es nicht allein.

In mir ist es finster, aber bei dir ist Licht
ich bin einsam, aber du verlässt mich nicht
ich bin kleinmütig, aber bei dir ist die Hilfe
ich bin unruhig, aber bei dir ist Frieden
in mir ist Bitterkeit, aber bei dir ist die Geduld
ich verstehe deine Wege nicht, aber du weißt [den] rechten Weg für mich.

Dietrich Bonhoeffer

Deshalb ist die Bibel ein ewig wirksames Buch, weil, solange die Welt steht, niemand auftreten und sagen wird: Ich begreife es im Ganzen und verstehe es im Einzelnen.
Wir aber sagen bescheiden: Im Ganzen ist es ehrwürdig und im Einzelnen anwendbar.

Johann Wolfgang von Goethe

2. März

Ein Mensch, der schon als kleiner Christ
Weiß, wozu er geschaffen ist:
„Um Gott zu dienen hier auf Erden
Und ewig selig einst zu werden!“, –
Vergisst nach manchem lieben Jahr
Dies Ziel, das doch so einfach war,
Das heißt, das einfach nur geschienen:
Denn es ist schwierig, Gott zu dienen.

Eugen Roth

Der Christ soll sich willig zu einem Diener machen, um seinem Nächsten zu helfen, und soll so mit ihm umgehen und an ihm handeln, wie Gott mit ihm durch Christus gehandelt hat ...
Ich will meinem Nächsten gegenüber auch ein „Christus“ werden, wie Christus mir geworden ist, und nur das tun, was ich für ihn als nötig, nützlich und heilbringend ansehe.

Martin Luther

3. März

David Hume war ein englischer Philosoph, von dem behauptet wurde, er glaube nicht an Gott.
Gelegentlich traf er bei Bekannten mit einem frommen Mann zusammen. Doch war die Zusammenkunft jedes Mal nur von kurzer Dauer, denn der Fromme verließ demonstrativ das Zimmer, sobald der angeblich Ungläubige hereinkam.
Eines Tages jedoch hielt David Hume den anderen am Rockärmel fest und sagte: „Wohin so schnell, mein Freund? Wir sollten uns allmählich aneinander gewöhnen, denn wir werden noch eine sehr lange Zeit beieinander sein müssen. Wir kommen nämlich beide an denselben Ort – an den Ort der Verdammnis. Ich wegen Mangel an Glauben und du wegen Mangel an Liebe."

Nach einer Überlieferung

Lass dich nicht vom Bösen überwinden,
sondern überwinde das Böse mit Gutem.

Römer 12,21

4. März

Verwirf mich nicht in meinem Alter,
verlass mich nicht, wenn ich schwach werde.

Psalm 71,9

Mit 75 fing ich an zu malen,
nur ganz bescheiden, nichts zum Prahlen,
jedoch ich hatte Spaß daran
und andre auch. Jedoch jetzt taugen
mit 80 dafür selten meine Augen –
gut, wenn man das begreifen kann.

Landschaften, Blumen, Köpfe ruhen
nun in den Mappen und den Truhen
und schmücken auch so manche Wand.
Die Hand, die sie erweckt, versagt. Indessen
hat doch das innere Auge nichts vergessen
und sah und sieht in ein geheimnisvolles neues Land.

Helmi Baumann

5. März

Der Herr hat Großes an uns getan;
des sind wir fröhlich.

Psalm 126,3

Herr, die Vergangenheit ist ein Stück von mir.
Ich brauche die Erinnerung an vergangene Zeiten,
um die Gegenwart zu meistern.
Meine Vergangenheit ist in mir aufgespeichert.
Hilf mir, dass ich sie nicht verleugne,
sondern sie beachte und anerkenne,
denn meine jetzigen Gedanken
sind nichts ohne meine früheren Gedanken.
Lass es nicht zu, dass die Wunden von gestern
mich niederzwingen,
dass Erfolge mich zum Narren machen.
Lass mich beides annehmen.
Ich kann nicht dastehen und sagen:
Ich war es nicht.
Ich war es, Jesus, ich war es,
und das macht mich zu dem, der ich bin.

Herbert F. Brokering

Die Menschen sind nicht weise,
weil sie Erfahrungen machen, sondern weil sie aus ihren Erfahrungen lernen.

Weisheit

6. März

Denn das ist der Wille meines Vaters, dass, wer den Sohn sieht und glaubt an ihn, das ewige Leben habe; und ich werde ihn auferwecken am Jüngsten Tage.

Johannes 6,40

Wie sollten wir ohne ihn leben können?
Lasst uns seine Güte empfangen.
Lasst uns, die wir seine Jünger wurden,
lernen, nach seiner Art zu leben.

Ignatius von Antiochien, um 100

Lasset uns mit Jesus ziehen,
seinem Vorbild folgen nach,
in der Welt der Welt entfliehen
auf der Bahn, die er uns brach,
immerfort zum Himmel reisen,
irdisch noch schon himmlisch sein,
glauben recht und leben rein,
in der Lieb den Glauben weisen.
Treuer Jesu, bleib bei mir,
gehe vor, ich folge dir.

Sigmund von Birken, EG 384,1

7. März

Die, welche dir die Nächsten und Liebsten sind,
erträgst du manchmal schwer.
Sei gewiss, es geht ihnen mit dir ebenso.

Ernst von Feuchtersleben, um 1840

Wir kennen die Sonnensysteme
und rechnen in Lichtjahren nur,
jedoch die Wege zum Bruder
sind immer noch bar jeder Spur.
Wir kennen die Sprache der Tiere
und wissen um ihren Instinkt,
jedoch unsern Bruder verstehen,
ist das, was uns selten gelingt.
Wir können uns heut alles kaufen,
wir leben in Reichtum und Glanz,
jedoch, unserm Bruder zu helfen,
reicht plötzlich das Geld nicht mehr ganz.
Wir können Atome zerspalten
und staunen, was Menschengeist schafft,
jedoch unsern Bruder zu lieben,
geht immer noch über die Kraft.

Kurt Rommel

8. März

Christus will den ganzen Menschen erlösen,
nicht nur die Seele.

Tertullian, um 200

Es ist ein Irrtum, dass die so genannten kleinen Dinge, die sich auf das tägliche Brot, seine Beschaffung und Austeilung beziehen, nicht in das Reich Gottes gehören ... Es war Gott nichts Geringes, seinem Volk Wachteln zu schicken, Manna vom Himmel zu senden, Wasser aus dem Felsen zu spenden und mit vielen anderen Erweisungen seiner Herrlichkeit gerade solche Bedürfnisse der Seinen zu stillen.

Johann Hinrich Wichern

Brich mit den Hungrigen dein Brot,
sprich mit den Sprachlosen ein Wort,
sing mit den Traurigen ein Lied,
teil mit den Einsamen dein Haus.

Friedrich Karl Barth, EG 420,1

9. März

Ein Araber, dem allzu ausgedehnte Gastfreundschaft eine Last war, sattelte jedem seiner Gäste nach Ablauf von drei Tagen selbst das Kamel.
Ein Schmarotzer, der den Wink nicht verstehen wollte, blieb einmal sieben Tage.
Der Gastgeber (Leim war sein Name), der nicht wusste, wie er ihn anders loswerden sollte, schrieb ihm diese Zeilen: „Hast du nie gehört, Freund, dass ein Gast am ersten Tage Gold, am zweiten Silber, am dritten Zinn ist? Am vierten wird er Blei, am fünften Holz, am sechsten Feuer, das am siebenten in Asche zerfällt, so dass nichts übrig bleibt als die Asche, die mit dem Kehricht auf die Gasse geworfen wird."

Arabisch

Dient einander, ein jeder mit der Gabe, die er empfangen hat, als die guten Haushalter der mancherlei Gnade Gottes.

1. Petrus 4,10

10. März

Der Drachen lehrt: Wer hochsteigen will, muss es gegen den Wind tun.

Aus China

Fritz Cremer, Bronze: Der Aufsteigende

Mühsam aufsteigender, stetig aufsteigender, unaufhaltsam aufsteigender Mann. Mann, das ist ja ein schöner Aufstieg. Der stürzt ja, der stürzt ja fast, der sieht ja aus, als stürzt er, fast sieht der ja aus, als könnte er stürzen. Steigt aber auf, der steigt auf, der steigt eben auf, ... der steigt einfach auf ...
Das ist eben ein Aufsteigender, der steigt unaufhaltsam auf, mühsam auch, ich sagte es schon. Diesen Mann da nennen wir zu Recht „den Aufsteigenden“. Nun sag uns nur noch das: Wohin steigt er da, da oben, wohin der steigt, was ist da? Ist da überhaupt oben, du, steigt der auf zu uns, oder steigt der von uns auf? Geht er uns voran? Oder verlässt er uns? Oder macht er Karriere? Oder soll er etwa, was wir schon ahnten, ein Symbol sein der Gattung Mensch? Steigt das da auf zur Freiheit oder, was wir schon ahnten, zu den Fleischtöpfen? ... So viele Fragen um einen, der aufsteigt.

Wolf Biermann

11. März

Es ist leichter zu wissen, wie man etwas tun soll, als es zu tun.

Aus China

Die Zeit vergeht; sie kehrt nicht zurück.
Gelegenheiten kommen nicht wieder.
Gott wollte mich zum Zeugen seiner Herrlichkeit:
Ich sollte den Menschen ein Licht sein,
dass sie ihn rühmten.
Er wollte meine Stille, meine ruhige Gelassenheit.
Freundlich sollte ich gegen meine Mitmenschen
sein, sollte vergeben und vergessen,
ermutigen und ermahnen, dienen und helfen.
Er wollte mich als Gärtner für seinen Garten,
zum Pflanzen und Jäten, zum Hegen und Pflegen.
Ich sehe zurück und mich schaudert.
Der Herr fragt mich nach meinem Tun
und ich zittere.
Ich verberge mein Gesicht und stehle mich fort,
denn ich kann ihm nicht ins Antlitz blicken.
Er aber ermutigt mich.
Er nimmt mich bei der Hand und sagt:
„Mein Sohn, du bist und bleibst mein Kind."

M. A.Thomas

12. März

Ein gesprochenes Wort
holen vier Pferde im Galopp nicht ein.

Aus Japan

Der Mensch nach seinem Fleisch und Blut ist ganz Zunge und redet nichts als unnützes Zeug; je eitler er ist, um so mehr will er reden. Willst du aber an einem zuverlässigen Zeichen den eitlen Menschen erkennen, so siehe, ob er geschwätzig ist; dagegen einen tapferen, rechtschaffenen Menschen erkennst du schon daran, dass er wenig Worte macht, aber viele nützliche Werke aufzuweisen hat; denn solche (ernsthafte Menschen) verdrießt es zu reden, es sei denn, sie müssen, dem Gehorsam oder sonst einer Notwendigkeit folgend, reden.

Martin Luther

13. März

Ein Mensch begegnet einem zweiten.
Sie wechseln Förm- und Herzlichkeiten,
Sie zeigen Wiedersehensglück
Und gehn zusammen gar ein Stück.
Und während sie die Stadt durchwandern,
Sucht einer heimlich von dem andern
Mit ungeheurer Hinterlist
Herauszubringen, wer er ist.
Dass sie sich kennen, das steht fest,
Doch äußerst dunkel bleibt der Rest.
Das Wo und Wann, das Wie und Wer,
Das wissen alle zwei nicht mehr.
Doch sind sie, als sie nun sich trennen,
Zu feig, die Wahrheit zu bekennen.
Sie freun sich, dass sie sich getroffen;
Jedoch im Herzen beide hoffen,
Indes sie ihren Abschied segnen,
Einander nie mehr zu begegnen.

Eugen Roth

Hilf, Herr! Die Heiligen haben abgenommen, und gläubig sind wenige unter den Menschenkindern. Einer redet mit dem andern Lug und Trug, sie heucheln und reden aus zwiespältigem Herzen.

Psalm 12,2-3

14. März

Herr, wie lange sollen die Gottlosen, wie lange sollen die Gottlosen prahlen?
Es reden so trotzig daher, es rühmen sich alle Übeltäter. Herr, sie zerschlagen dein Volk und plagen dein Erbe.
Merkt doch auf, ihr Narren im Volk! Und ihr Toren, wann wollt ihr klug werden?
Der das Ohr gepflanzt hat, sollte der nicht hören? Der das Auge gemacht hat, sollte der nicht sehen?

Psalm 94,3-5+8-9

Ein ortsbekannter Zweifler kniet im Kirchenstuhl. Der Nachbar spricht ihn an: „Ich denke, du glaubst nicht an Gott?“ – „Freilich nicht“, antwortet der andere, „aber weiß ich, ob ich Recht habe?“

Verfasser unbekannt

15. März

Solang es Menschen gibt auf Erden,
solang die Erde Früchte trägt,
solang bist du uns allen Vater;
wir danken dir für das, was lebt.

Dieter Trautwein, EG 427,1

Was bleibt, was wird aus den Menschen, wenn man Gott beseitigt? Wie kleinkariert wird die Welt dann auf einmal. – Das sei die Welt des Fortschritts, höre ich sie behaupten, die Welt des Wohlstands.
Aber dieser viel gelobte Fortschritt ist nicht ganz das, was man von ihm erwartet hat: Er bringt auch die Raketen, die bakteriologischen und nuklearen Bomben, die Umweltverschmutzung.
Alles Dinge, die, wenn man sie nicht gut im Auge behält, die gesamte Menschheit in eine Katastrophe stürzen können.
Sagen wir es einmal anders herum: Der Fortschritt kann für Menschen, die sich lieben, sich gegenseitig als Brüder, als Kinder des einen Vaters verstehen, eine wunderbare Sache sein.
Für eine Menschheit jedoch, die in Gott nicht den gemeinsamen Vater sieht, wird der Fortschritt zu einer ständigen Gefahr.

Johannes Paul I.

16. März

Zur Freiheit hat uns Christus befreit!
So steht nun fest und lasst euch nicht wieder das Joch der Knechtschaft auflegen.

Galater 5,1

Die Freiheit gehört wesentlich zum Menschsein. Wer Menschen abhängig macht, nimmt ihnen etwas Wesentliches. Jesus machte das anders: Er rief zur Wahrheit und ließ denen, die er rief, doch ihre Freiheit. Er liebte die Menschen und rief sie zu sich und ließ sie doch zugleich bei sich selbst. Er befreite die Menschen von ihren Abhängigkeiten, ohne sie von sich abhängig zu machen. Er eröffnete neue Möglichkeiten des Lebens, aber er beraubte keinen seiner Freiheit.

Ulrich Heidenreich

17. März

Gebet des Hahns

Vergiss nicht, Herr,
ich lasse die Sonne aufgehen!
Ich bin dein Diener;
aber die Würde meiner Rolle
zwingt mich zu einigem Prunk und Staat.
Adel verpflichtet,
trotz alledem,
ich bin dein Diener.
Vergiss nicht, Herr,
ich lasse die Sonne aufgehen.

Carmen Bernos de Gasztold

Nicht dass wir tüchtig sind von uns selber,
uns etwas zuzurechnen als von uns selber;
sondern dass wir tüchtig sind, ist von Gott.

2. Korinther 3,5

18. März

Sie sagen
Idealismus ist ein Intelligenzdefekt.
Ich glaube es nicht.

Sie sagen
Die Bergpredigt wäre nicht so gemeint.
Ich glaube es nicht.

Sie sagen
Du sollst nicht töten ist so zu verstehen, dass ...
Ich glaube es nicht.

Sie sagen
Bei etwas gesundem Menschenverstand
Müsste doch jeder ...
Ich glaube es nicht.

Sie sagen
Selbst Christus würde, wenn er heute ...
Ich glaube es nicht.

Und wenn man mir Berge
Schwarzen und roten Goldes verspricht
Ich glaube es nicht.

Hanns Dieter Hüsch

19. März

Du sollst nicht falsch Zeugnis reden.

nach 2. Mose 20,16

Zu Sokrates kam einmal ein Mann und sagte: „Du, höre, ich muss dir etwas Wichtiges über deinen Freund erzählen!"
„Warte ein bisschen", unterbrach ihn der Weise. „Hast du, was du mir erzählen willst, durch die drei Siebe hindurchgehen lassen?" –
„Welche drei Siebe?"
„So höre gut zu! Das erste ist das Sieb der Wahrheit. Bist du überzeugt, dass alles, was du mir sagen willst, wahr ist?"
„Das nicht, ich habe es nur von anderen gehört."
„Aber dann hast du es wohl durch das zweite Sieb hindurchgehen lassen? Es ist das Sieb der Güte."
Der Mann errötete und antwortete: „Ich muss gestehen, nein."
„Und hast du an das dritte Sieb gedacht und dich gefragt, ob es nützlich sei, mir das von meinem Freund zu erzählen?"
„Nützlich? Eigentlich nicht."
„Siehst du", versetzte der Weise, „wenn das, was du mir erzählen willst, weder wahr noch gut noch nützlich ist, dann behalte es lieber für dich."

Nach Jörg Zink

20. März

Die Tragödie unserer Zeit liegt nicht so sehr im Lärm der Bösen als im Schweigen der Guten.

Verfasser unbekannt

wer a sagt muss auch b sagen
wer streichhölzer hat muss auch feuer legen
wer tiere liebt muss auch menschen lieben
wer schwarze haut hat
muss auch schwarze gedanken haben
wer kirchensteuer zahlt muss auch fromm sein
wer langes haar hat
muss auch automaten knacken
wer recht hat muss auch streit anfangen

Rudolf Otto Wiemer

Darum, o Mensch, kannst du dich nicht entschuldigen, wer du auch bist, der du richtest. Denn worin du den andern richtest, verdammst du dich selbst, weil du ebendasselbe tust, was du richtest.

Römer 2,1

21. März

Ich aber wäre fast gestrauchelt mit meinen Füßen; mein Tritt wäre beinahe geglitten.
Denn ich ereiferte mich über die Ruhmredigen, als ich sah, dass es den Gottlosen so gut ging.
Sie brüsten sich wie ein fetter Wanst, sie tun, was ihnen einfällt.
Was sie reden, das soll vom Himmel herab geredet sein; was sie sagen, das soll gelten auf Erden. Darum fällt ihnen der Pöbel zu und läuft ihnen zu in Haufen wie Wasser.
Sie sprechen: Wie sollte Gott es wissen? Wie sollte der Höchste etwas merken?
Siehe, das sind die Gottlosen; die sind glücklich in der Welt und werden reich.
Dennoch bleibe ich stets an dir; denn du hältst mich bei meiner rechten Hand.

Psalm 73,2-3+7+9-12+23

22. März

Mein Gott, die Woche beginnt,
eine Wegstrecke liegt vor mir mit ihren Aufgaben
und Forderungen an mich.
Gib mir Geist, dass ich mich bewähre,
nicht vor den Menschen, sondern vor dir.
Die Woche beginnt,
was sie bringt, ist mir verborgen.
Gib mir Hoffnung in den Niederlagen
und Demut in den Siegen.
Segne meinen Eingang und Ausgang in Ewigkeit.
Amen.

Knut Wenzel Backe

Kein Mensch, wenn er die Welt sieht,
die sie ihm hinterlassen, versteht seine Eltern.

Max Frisch

23. März

Es gibt Christen, die sich durch gewaltigen Eifer und einen ebenso gewaltigen Mangel an Verstand auszeichnen; Brüder, die ins Unendliche fortreden über nichts; die die Bibel nach allen Richtungen lesen und nichts aus ihr herausbringen.
Ernst ist's ihnen, fürchterlich ernst. Sie sind Berge, die entsetzlich kreißen, aber nichts zur Welt bringen, nicht einmal die lächerliche Maus!
Es laufen Eiferer herum, die nicht im Stande sind, fünf Gedanken im Zusammenhang zu denken oder auszusprechen: Ihre Begabung ist sehr eng und ihre Anmaßung sehr weit. Sie hämmern und brüllen und toben und wüten, aber all der Lärm kommt nur daher, dass die Trommel hohl ist.

Charles Haddon Spurgeon

Echte Propheten haben manchmal, falsche Propheten haben immer fanatische Anhänger.

Marie von Ebner-Eschenbach

24. März

Gott, sende uns die Erlösung –
für das Übel sorgen wir schon selbst.

Altjüdischer Spruch

Die Welt ist wie ein betrunkener Bauer. Hebt man ihn auf der einen Seite in den Sattel, so fällt er auf der anderen wieder herunter.
Der Welt kann man nicht helfen, was immer man auch anstellt. Sie will des Teufels sein.

Martin Luther

Wenn du, Herr, Sünden anrechnen willst –
Herr, wer wird bestehen?
Denn bei dir ist die Vergebung,
dass man dich fürchte.
Ich harre des Herrn, meine Seele harret,
und ich hoffe auf sein Wort.

Psalm 130,3-5

25. März

Sie sagen: „Friede! Friede!", und ist doch nicht Friede.

nach Jeremia 6,14

Als der Lehrer das Spiel nicht mehr übersehen konnte, machte er die kleinen Plastikfigürchen in Uniformen verschiedener Nationalitäten und mit MG und Panzerfaust zum Gesprächsthema.
Die Buben witterten Kritik.
Ob sie denn mit den zwölf Aposteln spielen sollten? Die Mädchen hätten halt ihre Puppen.
Er bemerkte, dass die Mädchen mit den Puppen die Rolle der Mutter einüben. Und ob so die Buben nicht die Rolle des Tötenden einüben würden?
Quatsch – Soldaten seien nicht zum Töten da, sondern zum Erobern von Ländern!
Als sie von ihren schönen Kriegslandschaften sprachen, wagte er noch eine Runde. Er fragte sie, ob dieses Spiel nicht ein Lügenspiel sei, da es zur Ausstattung dieser Landschaften keine kleinen Leichen zu kaufen gebe.
Die könne man sich leicht selbst machen, wurde er belehrt, mit der Beißzange und einer Kerze zum Anschmoren. Aus dem Hintergrund hörte er laut das Wort „Kommunist".

Hans Helmut Maier

26. März

Eines Tages werden wir aufwachen und wissen,
dass wir zu wenig getan haben –
oder das Falsche.
Wir werden uns sagen,
dass wir mehr hätten tun sollen.
Aber was? werden wir fragen – und:
Wann hätten wir es tun sollen?
Hatten wir jemals Zeit, uns zu entscheiden?
Und dann werden wir wissen,
dass über uns entschieden wurde
von Anfang an, weil wir es so wollten.
Keine Ausrede mehr: Die Zeit ist vertan.
Keine Beschönigung mehr:
Auf unseren Händen liegt Asche.
Wir werden uns erinnern,
dass da etwas war voller Verheißung,
aber kaum noch sagen können, was es war,
und dass es Aussichten gab für uns,
Pfade, für uns allein gemacht –
nur: dass da etwas war, dem wir nicht folgten –
und hinzufügen, dass wir keine Zeit hatten, leider –
weil wir die Zeit vergeudeten
in kleiner, abgegriffener Münze.
Und von dem Aufblitzen des Lichtes
und dem Windhauch blieb nichts.
Nur Asche.

Walter Bauer

27. März

Einmal werd ich die Wahrheit sagen – das meint man, aber die Lüge ist ein Egel, sie hat die Wahrheit ausgesaugt.

Max Frisch

Die Wahrheit wird jetzt unterdrückt,
will niemand Wahrheit hören;
die Lüge wird gar fein geschmückt,
man hilft ihr oft mit Schwören;
dadurch wird Gottes Wort veracht',
die Wahrheit höhnisch auch verlacht,
die Lüge tut man ehren.

Johann Walter, EG 145,5

Eure Rede aber sei: Ja, ja; nein, nein. Was darüber ist, das ist vom Übel.

Matthäus 5,37

28. März

In der Welt habt ihr Angst; aber seid getrost, ich habe die Welt überwunden.

Johannes 16,33

Immer wieder scheint die Welt zu siegen, und immer wieder wird der Glaubende wankend und sucht Zuflucht im Heimischen, in der Welt, und lässt Jesus allein. Aber in Wahrheit gibt er nicht den Offenbarer der Welt preis, sondern, indem er an ihm verzweifelt, gibt er sich selbst preis.

Rudolf Bultmann

Religion ist Rückbindung des Menschen an das Göttliche und Einbindung des täglichen Lebens in einen überlieferten Kultus. Sie ist Lebensform, das Kleid, das uns warm hält. Sie formt das soziale Leben, gliedert die Zeiten, bestimmt die Moral, interpretiert die Angst, gestaltet die Freuden, tröstet die Hilflosen, deutet die Welt. Der Mangel an Religion hat einen Überfluss an Unsicherheit und Angst zur Folge. Religion und Glaube sind nötig, damit das Leben gelingt.

Ulrich Heidenreich

29. März

Wie mich mein Vater liebt, so liebe ich euch auch. Bleibt in meiner Liebe!

Johannes 15,9

Wer ist Jesus Christus für Sie?
Derjenige (der Einzige?), der unseren verrückten und kindlichen Wunsch, sehr zu lieben und sehr geliebt zu sein und hierdurch sehr glücklich zu werden, absolut ernst nimmt.

Kurt Marti

Bei dir, Jesu, will ich bleiben,
stets in deinem Dienste stehn;
nichts soll mich von dir vertreiben,
will auf deinen Wegen gehn.
Du bist meines Lebens Leben,
meiner Seele Trieb und Kraft,
wie der Weinstock seinen Reben
zuströmt Kraft und Lebenssaft.

Philipp Spitta, EG 406,1

30. März

Über Nacht, vom ersten warmen Winde
kühn gemacht,
hat der März das Tal geschwinde
grün gemacht.

Wärmt der Wald sich, mager und gestrüppig
erst das Fell,
bald des Kirschbaums Knospen, üppig
bersten hell.

Süßer Regen weint den weh gefrornen
Garten auf.
Blüten, die im Schnee verlornen,
warten drauf.

Hinter das vom Winter ausgebleichte
Grau der Welt
ist nun schon das frühlingsleichte
Blau gestellt.

Morgen kommt die Sonne: Furcht und Hoffen
stöhnt vom Schlag –
von des Lichtes Blitz getroffen
tönt der Tag!

Eugen Roth

31. März

Nun ist er endlich kommen doch
in grünem Knospenschuh;
„Er kam, er kam ja immer noch",
die Bäume nicken sich's zu.

Sie konnten ihn all erwarten kaum,
nun treiben sie Schuss auf Schuss;
im Garten der alte Apfelbaum,
er sträubt sich, aber er muss.

Wohl zögert auch das alte Herz
und atmet noch nicht frei,
es bangt und sorgt: „Es ist erst März,
und März ist noch nicht Mai."

O schüttle ab den schweren Traum
und die lange Winterruh:
Es wagt's der alte Apfelbaum,
Herze, wag's auch du.

Theodor Fontane

Herr, wie sind deine Werke so groß und viel!
Du hast sie alle weise geordnet,
und die Erde ist voll deiner Güter.

Psalm 104,24

April

1. April

was einer anhat zeigt wo einer her ist
wo einer her ist zeigt wie einer auftritt
wie einer auftritt zeigt was einer vorhat
was einer vorhat zeigt was einer wert ist
was einer wert ist zeigt was einer piepen hat
was einer piepen hat zeigt wie einer gestellt ist
wie einer gestellt ist zeigt was einer renomme hat
was einer renomme hat zeigt was einer freunde hat
was einer freunde hat zeigt was einer n amt hat
was einer n amt hat zeigt was einer ne partei hat
was einer ne partei hat zeigt was einer n riecher hat
was einer n riecher hat zeigt
was einer n gesangbuch hat
was einer n gesangbuch hat zeigt
was einer n gott hat
was einer n gott hat zeigt was einer imstande ist
was einer imstande ist zeigt ein blick in die zeitung.

Rudolf Otto Wiemer

2. April

Ich sehe und höre, dass sie nicht die Wahrheit reden. Es gibt niemand, dem seine Bosheit leid wäre und der spräche: Was hab ich doch getan!

Jeremia 8,6

Der Gefängnisgeistliche hatte seine Gemeinde zum Gottesdienst versammelt. Nach dem ersten, von manchen Missklängen begleiteten Lied, ging er zum Altar. Auf den Stufen trat er auf seinen Talar und fiel lang hin. Lautes Gelächter erfüllte den Raum. Etwas mühsam stand er wieder auf und wandte sich zu seiner Gemeinde: „Seht ihr, das wollte ich euch sagen: Man kann schon mal fallen, aber man sollte sehen, dass man wieder auf die Füße kommt."

Ulrich Heidenreich

3. April

Ihr, die ihr überlebtet in gestorbenen Städten,
habt doch nun endlich mit euch selbst Erbarmen!
Zieht nun in neue Kriege nicht, ihr Armen,
als ob die alten nicht gelanget hätten:
Ich bitt' euch, habet mit euch selbst Erbarmen!

Ihr Kinder, dass sie euch mit Krieg verschonen,
müsst ihr um Einsicht eure Eltern bitten.
Sagt laut, ihr wollt nicht in Ruinen wohnen
und nicht das leiden, was sie selber litten:
Ihr Kinder, dass sie euch mit Krieg verschonen!

Ihr Mütter, da es euch anheim gegeben,
den Krieg zu dulden oder nicht zu dulden,
ich bitt' euch, lasset eure Kinder leben!
Dass sie euch die Geburt
und nicht den Tod dann schulden.
Ihr Mütter, lasset eure Kinder leben!

Bertolt Brecht

4. April

Herr, sei mir gnädig, denn mir ist angst.

Psalm 31,10

In einem Wald befanden sich Leute, welche aus Furcht vor einem feindlichen König aus der Stadt geflohen waren. Da sie hier wiederum in Gefahr gerieten, flüchteten sie erneut. Doch zwei Männer ließen sie zurück, die so gut wie hilflos waren, einen Blinden und einen Lahmen.
Als der Überfall vorüber war, entstand durch ein Feuer, welches die Leute unterhalten hatten, ein Waldbrand. Die beiden gerieten in Angst. Der Blinde floh, aber er lief gerade auf das Feuer zu. Der Lahme rief ihn zurück, aber der andere fragte: „Wohin soll ich mich denn aber wenden?"
Der Lahme sagte: „Ich könnte dir den Weg vorwärts zeigen, so weit du wolltest; da ich aber lahm bin, so nimm mich auf deine Schultern, damit ich dir angebe, wo du den Dornen, dem Feuer und anderen Gefahren aus dem Wege gehen kannst, und damit ich dich glücklich in die Stadt weisen kann."
Der Blinde nahm den Vorschlag an und richtete sich nach des Lahmen Worten, und so gelangten sie beide wohlbehalten in die Stadt.

Indisches Märchen

5. April

Der Gründonnerstagsengel spricht:
Wach auf, du ungetreuer Christ!
Dass ihr doch immer schlafen müsst!
Die Welt ist voller Angst und Weh,
wohin ich schau: Gethsemane ...
Der letzte Ölbaum ist verdorrt,
verfault der Zaun. Schon dröhnt der Mord
heran im grellen Fackellicht,
und Judas – der erhängt sich nicht.
Am Aste hing nur seine Scham,
eh er die Silberlinge nahm.
Steck ein dein Schwert, verschlafner Tor,
dich selber triff, nicht Malchus' Ohr!
Verleugnet vor den Henkern steht
die Liebe, eh der Hahn noch kräht.
Der Kelch in meiner Hand ward schwer,
und einer trinkt ihn nimmer leer.
Trink mit! Klag nicht den Schächer an,
frag lieber, was man ihm getan.
Und sagst du auch: „Ich tat ihm nichts",
es zählt am Tage des Gerichts
nur, was du für den Bruder tust.
Weh dir, wenn du noch länger ruhst!

Christine Busta

Wir hätten erlöst werden können,
wenn wir dazu bereit gewesen wären.

Wolfdietrich Schnurre

6. April

Keins seiner Worte
glaubte ich, hätte er nicht
geschrien: Gott, warum
hast du mich verlassen.

Das ist mein Wort, das Wort
des untersten Menschen.

Und weil er selber
so weit unten war,
ein Mensch, der „Warum" schreit und
schreit „Verlassen", deshalb könnte man
auch die andern Worte,
die von weiter oben,
vielleicht
ihm glauben.

Rudolf Otto Wiemer

Hätte Jesus vor einem modernen Gericht gestanden, so wäre er von zwei Ärzten untersucht worden; man hätte entdeckt, dass er an einer Zwangsvorstellung leide, er wäre für unzurechnungsfähig erklärt und in eine Anstalt geschickt worden: Das ist der ganze Unterschied.

George Bernard Shaw

7. April

Der den Wein austeilt,
muss Essig trinken.
Der die Hand nicht hebt zur Abwehr,
wird geschlagen.

Der den Verlassenen sucht,
wird verlassen.
Der nicht schreien macht,
schreit überlaut.

Der die Wunde heilt,
wird durchbohrt.
Der den Wurm rettet,
wird zertreten.

Der nicht verfolgt, nicht verrät,
wird ausgeliefert.
Der nicht schuld ist, der Unschuldige
wird gequält.

Der lebendig macht,
wird geschlachtet.
Der die Henker begnadigt,
stirbt gnadenlos.

Rudolf Otto Wiemer

8. April

Der Fels ist vom Grab gerückt,
mein Herr ist auferstanden!
Das Grab ist leer.

Wie könnte sich der Herr des Lebens
auch halten lassen vom Tod?
Die lange Nacht ist vorüber,
erste Strahlen gehen über das Land.

Er liegt nicht mehr gefangen.
Sonnenlicht und Morgentau lassen sich eben
keine Fesseln anlegen.

Die Flügel der Dunkelheit sind entschwunden.
Sanft fällt Licht auf das Volk.
Er hat die Nacht überwunden –
Wärme und Leben sind stärker als Kälte und Tod.

Warum noch trauern
über die Schwachheit von gestern?
Er ist ein starker, siegreicher Herr.

Wieso sich noch Kummer und Angst überlassen?
Gott ist verlässlich und reich an Hoffnung.
Bedrängnis und Not müssen uns nicht mehr
in Hektik oder Apathie stürzen.

Denn der auferstandene Gott
ist Herr über Leben und Tun.

Wang Weifan

9. April

Gott hat Christus von den Toten auferweckt
und eingesetzt zu seiner Rechten im Himmel.

nach Epheser 1,20

Der begrenzte Horizont unseres Lebens hat ein Loch an der Stelle, wo sich das leere Grab des Menschensohnes befand. Etwas vom Licht der Ewigkeit scheint da hindurch und hilft uns, uns besser zu orientieren. Wie der Same unter dem Schnee vom Frühling träumt, so träumt seither unser Herz vom Leben.

Ulrich Heidenreich

Ich hang und bleib auch hangen
an Christus als ein Glied;
wo mein Haupt durch ist gangen,
da nimmt er mich auch mit.
Er reißet durch den Tod,
durch Welt, durch Sünd, durch Not,
er reißet durch die Höll,
ich bin stets sein Gesell.

Paul Gerhardt, EG 112,6

10. April

Was sucht ihr den Lebenden bei den Toten?
Er ist nicht hier, er ist auferstanden.

Lukas 24,5-6

Mit Tod und Grab fing die Ostergeschichte an, dann aber kam das Aber! Dann hieß es: Vorwärts! Und das auf einer Einbahnstraße, auf der es keine Umkehr gab, hinein ins Leben, ins ewige Leben.

Karl Barth

Wer mein Wort hört und glaubt dem, der mich gesandt hat, der hat das ewige Leben und kommt nicht in das Gericht, sondern er ist vom Tode zum Leben hindurchgedrungen.

Johannes 5,24

11. April

Von Gott kommt diese Kunde:
Mein Leben ist ein Fest,
das mich in jeder Stunde
mein Leben feiern lässt.
Als hohes Unterpfand
aus Gottes Schöpferhand,
die mich in dieser Welt
begleitet, trägt und hält.

Gott gibt mir meinen Namen;
er sagt mir, wer ich bin.
Er steckt den Lebensrahmen
und gibt dem Leben Sinn.
Mein Kummer und mein Glück,
mein Alltag, mein Geschick
sind mitten in der Zeit
ein Stück der Ewigkeit.

Peter Spangenberg

12. April

Nun ist zerstört des Feindes große Macht,
der Tod ist tot
und uns das Leben wiederbracht!
Singt und klingt,
hüpfet und springt,
jubiliert,
unser Jesus triumphiert.

Angelus Silesius

Wo aber erkannt wird, dass die Macht des Todes gebrochen ist, wo das Wunder der Auferstehung und des neuen Lebens mitten in die Todeswelt hineinleuchtet, dort verlangt man vom Leben keine Ewigkeiten, dort nimmt man vom Leben, was es gibt, nicht Alles oder Nichts, sondern Gutes und Böses, Wichtiges und Unwichtiges, Freude und Schmerz, dort hält man das Leben nicht krampfhaft fest, aber man wirft es auch nicht leichtsinnig fort, dort begnügt man sich mit der bemessenen Zeit und spricht nicht irdischen Dingen Ewigkeit zu, dort lässt man dem Tod das begrenzte Recht, das er noch hat. Den neuen Menschen und die neue Welt aber erwartet man allein von jenseits des Todes her, von der Macht, die den Tod überwunden hat.

Dietrich Bonhoeffer

13. April

Du weißt nicht, was du gewesen bist.
Du weißt nicht, wozu du genesen bist.
Du bist noch von jedem Leid genesen.
Du bist! Und also bist du gewesen!
Und also wirst du auch niemals sterben,
sondern nur Leben um Leben erwerben.

Was hast du jemals im Tode erkannt?
Weder Luft noch Wasser noch trockenes Land!
Nicht Freund, nicht Weib, nicht Welt, nicht Geist,
nicht, was Gott, was Hölle, was Himmel heißt.
Dich lehrte der Tod weder Ja noch Nein,
weder Dulder noch Überwinder sein:

Nun bist du Dulder, bist Überwinder!
Wir sind es alle, des Daseins Kinder.
Bleibt mir vom Leib mit eurem Geschrei,
dass der Mensch nur ein Häuflein Asche sei!
Seine eigene Asche hat niemand gesehn!
Wovon wir wissen, ist Auferstehn!

Gerhart Hauptmann

14. April

Der Tod ist der Sünde Sold; die Gabe Gottes aber ist das ewige Leben in Christus Jesus, unserm Herrn.

nach Römer 6,23

Der Tod ist in meinen Gedichten, Geschichten, Aufzeichnungen überall anzutreffen, aber in meinem Alltag nicht.
Ich denke nicht an ihn, jeder Versuch, ihn mir vorzustellen, wird abgebrochen, er kommt noch früh genug. Die letzte Erfahrung, warum sollte man sie vorwegnehmen, sich ausmalen, wie etwa dies oder das geschieht, zuerst diese, dann jene Körperfunktion versagt, mit Atemnot endet doch alles, vorausgesetzt, es ist nicht eine Kugel oder ein Sturz aus großer Höhe ...
Von dem, was nachher kommt, habe ich im Laufe der Jahre ganz verschiedene Vorstellungen gehabt, zumeist angenehme, eher Himmel als Hölle, Schlaf und beglückende Träume, und traurig nur insofern, als es galt, die Erde zu verlassen, diese ganz bestimmten Menschen, Landschaften und Dinge, an denen ich hänge und für die Schlaf und Träume kein Ersatz sein können ... Aber keine Angst vor zwickenden Teufeln, die bereits abgestorben sind, während Gott, täglich totgesagt, lebt und seine Liebesmacht, in die am Ende alle eingehen werden.

Marie Luise Kaschnitz

15. April

Könnte ich doch hören, was Gott der Herr redet, dass er Frieden zusagte seinem Volk und seinen Heiligen.

Psalm 85,9

Was ist schöner
als das Land, das kein Grab hat,
weil da keine Furcht ist,
wo der Mut nicht mehr blutet,
weil da kein Feind ist,

wo die Krieger der hundertein Nationen
entwurzeln die mächtigste Tanne
und in die Grube, die bleibt,
all ihre Geschosse werfen,

tief in die Grube des Erdreichs
fallen lassen die Waffen
und den Baum wieder pflanzen, ...
weil da das Licht der Weisheit
scheint überall.

Aus dem Indianischen

16. April

*Ich aber traue darauf, dass du so gnädig bist;
mein Herz freut sich, dass du so gerne hilfst.
Ich will dem Herrn singen,
dass er so wohl an mir tut.*

Psalm 13,6

Am „Sabbat des Lieds“, an dem das Lied am Schilfmeer verlesen wird, sprach Rabbi von Sadagora: „Es steht nicht geschrieben, sie hätten das Lied sogleich nach der Überschreitung des Schilfmeers gesungen, sondern zuerst gelangten sie zur Stufe des vollkommenen Vertrauens, wie geschrieben steht: ‚Und sie vertrauten dem Herrn und Mose, seinem Knecht.‘ Dann erst heißt es: ‚Damals sang Mose und die Kinder Israels.‘ Erst wer vertraut, kann das Lied singen.“

Martin Buber

17. April

Ein Christ kann dem Teufel nicht besser dienen, als wenn er nichts tut ... Ein toter Bekenner, der zufrieden ist, die Lehren des Evangeliums anzunehmen, ohne dessen Vorschriften zu erfüllen, wird eine ernsthafte Gefahr in der Gemeinde.

Charles Haddon Spurgeon

Wir wolln uns gerne wagen,
in unsern Tagen
der Ruhe abzusagen,
die's Tun vergisst.
Wir wolln nach Arbeit fragen,
wo welche ist,
nicht an dem Amt verzagen,
uns fröhlich plagen
und unsre Steine tragen
aufs Baugerüst.

Nikolaus Ludwig von Zinzendorf, EG 254,1

18. April

Das ist die Art der Kunst unsers Heilandes: Er greift nach den kleinen Leuten und schenkt ihnen die Ehre, dass sie groß werden.

Friedrich von Bodelschwingh

Ein Farbiger wünschte, in eine New Yorker Gemeinde aufgenommen zu werden. Der Pfarrer meinte reserviert: „Ich bin nicht sicher, Mister Jones, ob es unseren Gemeindegliedern recht sein würde. Ich schlage vor, Sie gehen erst mal nach Hause und beten darüber und warten ab, was Ihnen der Allmächtige dazu zu sagen hat."
Einige Tage später kam Mister Jones wieder. Er sagte: „Herr Pfarrer, ich habe Ihren Rat befolgt. Ich sprach mit dem Allmächtigen über die Sache, und er sagte zu mir: ‚Mister Jones, bedenke, dass es sich um eine sehr exklusive Kirche handelt. Du wirst wahrscheinlich nicht hineinkommen. Ich selbst versuche das schon seit vielen Jahren, aber bis jetzt ist es mir noch nicht gelungen.'"

H. L. Gee

Er stößt die Gewaltigen vom Thron
und erhebt die Niedrigen.

Lukas 1,52

19. April

Ein neues Gebot gebe ich euch, dass ihr euch untereinander liebt, wie ich euch geliebt habe, damit auch ihr einander lieb habt. Daran wird jedermann erkennen, dass ihr meine Jünger seid, wenn ihr Liebe untereinander habt.

Johannes 13,34-35

Man sagt wohl so hin: Sei nur ein Mensch und du bist gut! Oh lügenhafter Dünkel! Bei den besten Menschen, die mir begegnet sind, habe ich noch immer die Reißzähne von den Schneidezähnen ganz deutlich unterscheiden können.

Wilhelm Busch

Herz und Herz vereint zusammen
sucht in Gottes Herzen Ruh.
Lasset eure Liebesflammen
lodern auf den Heiland zu.
Er das Haupt, wir seine Glieder,
er das Licht und wir der Schein,
er der Meister, wir die Brüder,
er ist unser, wir sind sein.

Nikolaus Ludwig von Zinzendorf, EG 251,1

20. April

Reich wird unser Leben, wenn wir anfangen, mit unserem kleinen Glauben zum Glauben zu verlocken, mit unserer zaghaften Hoffnung Hoffnung zu wecken, mit unserer zerbrechlichen Liebe der Liebe Raum zu verschaffen, mit unserem schwachen Leben Lebendigkeit auszustrahlen, mit dem Wenigen, das wir von Jesus begriffen haben, für den ganzen Christus einzustehen.

Ulrich Heidenreich

Der natürliche Mensch aber vernimmt nichts vom Geist Gottes; es ist ihm eine Torheit, und er kann es nicht erkennen; denn es muss geistlich beurteilt werden.

1. Korinther 2,14

Es gibt aber Dumme, die sagen: Konnte die Weisheit Gottes die Menschen wirklich nur dadurch erretten, dass sie Menschengestalt annahm, aus einem Weibe geboren wurde und all das Leid von Sündern ertrug?
Wir antworten ihnen: Sie konnte es auf jede Art, aber hätte sie es anders gemacht, würde es auf gleiche Weise eurer Dummheit missfallen.

Augustinus

21. April

Gott kommt zu uns,
wir müssen nicht mehr zweifelnd nach ihm fragen.
Gott kommt zu uns,
um seine Gnade allen anzusagen.
Gott kommt zu uns und lässt uns wieder hoffen,
denn sein Herz ist für alle Menschen offen.
Gott kommt zu uns.
Die Krippe und das Kreuz sind seine Zeichen.
Gott kommt zu uns,
und unsre Trauer soll der Freude weichen,
denn Gott lässt uns durch seine Liebe leben,
dass wir sie andren liebend weitergeben.
Gott kommt zu uns.

Johannes Jourdan

Gott ist treu, durch den ihr berufen seid zur Gemeinschaft seines Sohnes Jesus Christus, unseres Herrn.

1. Korinther 1,9

22. April

Vom Wort Gottes zum Leben erweckte Menschen, die zusammenwirken, um der Not zu wehren, werden zu Schwestern und Brüdern. Menschen, die aus der Stille des Hörens und Sehens kommen, sind die, deren Schritte nicht zögerlich, sondern voller Gewissheit sind. Sie machen eine Zukunft möglich für sich selbst und für jene, deren Leben dem geknickten Rohr und dem verglimmenden Docht mehr gleichen als der heilen Welt unserer Werbung.

Ulrich Heidenreich

Herr, erbarme dich über dieses Geschlecht,
das das Lachen fast verlernt hat,
über diese Menschen,
die sich selbst so todernst nehmen,
über alle, die das Wesentliche
vom Nebensächlichen
so schwer unterscheiden,
die eigenen Sorgen gern übertreiben
und so sehr beschäftigt sind
mit ihrem eigenen kleinen Ich.
Mach unseren Horizont weit,
lehre uns alles zu relativieren –
alles, außer dich.

Hermann Mertens

23. April

Du sollst deinen Nächsten lieben wie dich selbst.

3. Mose 19,18

Wie kannst du voll und echt Mensch sein, wenn du dich selbst verloren hast? Auch du bist ein Mensch. Damit deine Menschlichkeit allumfassend und vollkommen sein kann, musst du also nicht nur für alle anderen, sondern auch für dich selbst ein aufmerksames Herz haben. Denn was würde es dir sonst nützen, wenn du ... alle gewinnen, aber als einzigen dich selbst verlieren würdest?
Wer mit sich selbst schlecht umgeht, wem kann der gut sein? Denk also daran: Gönne dich dir selbst. Ich sage nicht: Tu das immer; ich sage nicht: Tu das oft; aber ich sage: Tu es immer wieder einmal. Sei wie für alle anderen auch für dich selbst da, oder jedenfalls sei es nach allen anderen.

Bernhard von Clairvaux

Tue deinem Leib etwas Gutes, damit deine Seele gern darin wohnt.

Teresa de Avila

24. April

Lieber eine Kerze anzünden,
als über die Finsternis klagen.

Aus China

Der Glaube ist wie ein Vogel, der singt,
wenn die Nacht noch dunkel ist.

Aus Indien

Ein Funke, kaum zu sehn,
entfacht doch helle Flammen,
und die im Dunkeln stehn,
die ruft der Schein zusammen.
Wo Gottes große Liebe
in einem Menschen brennt,
da wird die Welt
vom Licht erhellt;
da bleibt nichts, was uns trennt.

Manfred Siebald

25. April

Denn Gott hat uns wissen lassen das Geheimnis seines Willens, damit wir etwas seien zum Lob seiner Herrlichkeit.

nach Epheser 1,9+12

In dir ist Freude in allem Leide,
o du süßer Jesu Christ!
Durch dich wir haben himmlische Gaben,
du der wahre Heiland bist;
hilfest von Schanden, rettest von Banden.
Wer dir vertrauet, hat wohl gebauet,
wird ewig bleiben. Halleluja.
Zu deiner Güte steht unser G'müte,
an dir wir kleben im Tod und Leben;
nichts kann uns scheiden. Halleluja.

Cyriakus Schneegass, EG 398,1

Die Lebensspanne ist dieselbe, ob man sie lachend oder weinend verbringt.

Aus Japan

26. April

Man sollte keine Dummheit zweimal begehen,
die Auswahl ist schließlich groß genug.

Jean-Paul Sartre

Wer da steht, der sehe zu, dass er nicht falle.

nach 1. Korinther 10,12

Nimm dich in Acht in den Zeiten, in welchen du keine Zweifel hast ... Volle Gewissheit ist eine unschätzbare Perle, aber wenn jemand ein köstliches Kleinod hat und auf die Straße geht, so sollte er sich sehr vor Taschendieben fürchten.
Wenn der Christ volle Gewissheit hat, so kann er sicher sein, dass alle Teufel der Hölle versuchen werden, sie ihm zu rauben.

Charles Haddon Spurgeon

Viele Menschen möchten von der Versuchung befreit werden, ohne den Kontakt zum Gegenstand der Versuchung ganz zu verlieren.

Verfasser unbekannt

27. April

Ein kleines Lächeln machte sich auf den Weg, um zu sehen, wo es wohnen könnte. Es traf ein Augenzwinkern, das auch nicht viel größer war, und sie zogen gemeinsam weiter. Da trafen sie zwei kleine Lachfältchen. Die fragten, wohin der Weg ginge und gingen mit.
In einem großen Wald sahen sie eine alte Frau sitzen, die allein war und sehr traurig aussah. Sie verständigten sich kurz und versuchten dann, ob die alte Frau noch Platz für sie hätte. Heimlich und lautlos versteckten sich die zwei Lachfältchen und das Augenzwinkern unter den Augen, und das Lächeln suchte sich einen Platz in den Mundwinkeln.
Da kitzelte es die alte Frau, sie stand auf und merkte plötzlich, dass sie nicht mehr so traurig war. Dem ersten Menschen, dem sie begegnete, schenkte sie befreit ein kleines Lächeln.
Sie zwinkerte dabei mit den Augen, und die beiden Lachfältchen fühlten sich richtig wohl.

Nach einer Überlieferung

Ein freundliches Antlitz erfreut das Herz; eine gute Botschaft labt das Gebein.

Sprüche 15,30

28. April

Ich möcht', dass einer mit mir geht,
der's Leben kennt, der mich versteht,
der mich zu allen Zeiten
kann geleiten.
Ich möcht', dass einer mit mir geht.

Ich wart', dass einer mit mir geht,
der auch im Schweren zu mir steht,
der in den dunklen Stunden
mir verbunden.
Ich wart', dass einer mit mir geht.

Es heißt, dass einer mit mir geht,
der's Leben kennt, der mich versteht,
der mich zu allen Zeiten
kann geleiten.
Es heißt, dass einer mit mir geht.

Sie nennen ihn den Herren Christ,
der durch den Tod gegangen ist;
er will durch Leid und Freuden
mich geleiten.
Ich möcht', dass er auch mit mir geht.

Hanns Köbler, EG 209

29. April

Ich seh' ein Land mit neuen Bäumen.
Ich seh' ein Haus aus einem grünen Strauch.
Und einen Fluss mit flinken Fischen
und einen Himmel aus Hortensien sehe ich auch.

Ich seh' ein Licht von Unschuld weiß.
Und einen Berg, der unberührt.
Im Tal des Friedens geht ein junger Schäfer,
der alle Tiere in die Freiheit führt.

Ich hör ein Herz, das tapfer schlägt –
in einem Menschen, den es noch nicht gibt,
doch dessen Ankunft mich schon jetzt bewegt,
weil er erscheint und seine Feinde liebt.

Das ist die Zeit, die ich nicht mehr erlebe.
Das ist die Welt, die nicht von unserer Welt.
Sie ist aus feinst gesponnenem Gewebe
und, Freunde, seht und glaubt: Sie hält.

Das ist das Land, nach dem ich mich so sehne,
das mir durch Kopf und Körper schwimmt.
Mein Sterbenswort und meine Lebenskantilene,
dass jeder jeden in die Arme nimmt.

Hanns Dieter Hüsch

30. April

Christus steht nicht hinter uns als unsere Vergangenheit, sondern vor uns als unsere Hoffnung.

Friedrich von Bodelschwingh

Ich sah einen jungen Benediktinermönch. Bevor er in das Besuchszimmer trat, um einen Gast zu begrüßen, blieb er regelmäßig etwa eine Minute still und versunken vor der Tür stehen. Dann erst trat er ein. Gefragt, was er tue und warum, antwortete er: „Ich bete und stelle mich ein. Ich tue das immer, vor jeder Arbeit, vor jeder Begegnung. Damit es gut wird."

Stephan Röder

Denn ohne mich könnt ihr nichts tun.

Johannes 15,5

Mai

1. Mai

Wie lieblich ist der Maien
aus lauter Gottesgüt,
des sich die Menschen freuen,
weil alles grünt und blüht.
Die Tier sieht man jetzt springen
mit Lust auf grüner Weid,
die Vöglein hört man singen,
die loben Gott mit Freud.

Martin Behm, EG 501,1

Herr, deine Welt ist schön, Herr, deine Welt ist gut;
gib mir nur hellen Sinn, gib mir nur frohen Mut!
Ich fühle, dass ich bin, ich fühle, dass du bist
und dass mein Sein von dir ein sel'ger Abglanz ist.
Die Welt beseligst du, beseligst dich in ihr;
sollt' ich nicht selig sein, Allseliger, in dir?

Friedrich Rückert

2. Mai

Einst predigte Franz von Assisi den Vögeln: „Vögel, ihr meine lieben Geschwister, sehr verbunden seid ihr Gott, eurem Schöpfer, und sollt immer und allerorts sein Lob singen. Denn er hat euch die Freiheit gegeben, zu fliegen, wohin ihr wollt. Ihr säet nicht und erntet nicht, und Gott ernährt euch doch. Wie sehr also liebt euch euer Schöpfer, dass er euch so viel Gutes erweist? Hütet euch also vor der Sünde der Undankbarkeit und befleißigt euch allezeit, Gott zu loben."
Als das die Vögel hörten, schlugen sie vor Freude mit den Flügeln und zwitscherten ihre Lobgesänge.

Gottfried Berron

Ihr Tiere und alles Vieh, Gewürm und Vögel, ihr Könige auf Erden und alle Völker, ihr sollt loben den Namen des Herrn.

nach Psalm 148,10-11+13

3. Mai

Wenn alles sitzen bliebe,
was wir in Hass und Liebe
so voneinander schwatzen,
wenn Lügen Haare wären,
wir wären rau wie Bären
und hätten keine Glatzen.

Wilhelm Busch

Das Unglück ist, dass jeder denkt, der andere ist wie er, und dabei übersieht, dass es auch anständige Menschen gibt.

Heinrich Zille

Wir sollen Gott fürchten und lieben,
dass wir unsern Nächsten nicht belügen,
verraten, verleumden oder seinen Ruf verderben,
sondern sollen ihn entschuldigen,
Gutes von ihm reden
und alles zum Besten kehren.

Martin Luther

4. Mai

Wo alle verurteilen, muss man prüfen –
wo alle loben, muss man prüfen.

Konfuzius

In die deutsche Sprache schleichen sich immer häufiger recht eigenwillige Fehler ein.
Plötzlich werden Begriffe wie Egoismus, Rücksichtslosigkeit, Hass und Gewalt groß geschrieben.
Andere Begriffe wie Rücksicht, Nächstenliebe, Toleranz und Menschlichkeit ganz klein.
Wir brauchen keinen Duden, um diese Fehler abzustellen. In diesen besonderen Fällen sind wir selbst aufgerufen. Möge es uns gelingen.

Klaus Kühn

Denn wenn jemand meint, er sei etwas, obwohl er doch nichts ist, der betrügt sich selbst.
Ein jeder aber prüfe sein eigenes Werk; und dann wird er seinen Ruhm bei sich selbst haben und nicht gegenüber einem andern.
Denn ein jeder wird seine eigene Last tragen.

Galater 6,3-5

5. Mai

Der Adler hörte einst viel Rühmens von der Nachtigall und hätte gern Gewissheit gehabt, ob alles auf Wahrheit beruhe. Darum schickte er den Pfau und die Lerche aus; sie sollten ihr Federkleid betrachten und ihren Gesang belauschen.
Als sie wiederkamen, sprach der Pfau: „Der Anblick ihres erbärmlichen Kittels hat mich so verdrossen, dass ich ihren Gesang gar nicht gehört habe." Die Lerche sprach: „Ihr Gesang hat mich so entzückt, dass ich vergaß, auf ihr Federkleid zu achten."

Rudolf Kirsten

Beim Richten sollt ihr die Person nicht ansehen, sondern sollt den Kleinen hören wie den Großen und vor niemand euch scheuen; denn das Gericht ist Gottes.

5. Mose 1,17

6. Mai

Der Herr ist gnädig und gerecht, und unser Gott ist barmherzig. Der Herr behütet die Unmündigen; wenn ich schwach bin, so hilft er mir. Sei nun wieder zufrieden, meine Seele; denn der Herr tut dir Gutes.

Psalm 116,5-7

Ich bin hinauf, hinab gezogen
und suchte Glück und sucht es weit;
es hat mein Suchen mich betrogen,
und was ich fand, war Einsamkeit.

Ich hörte, wie das Leben lärmte,
ich sah sein tausendfarbig Licht;
es war kein Licht, das mich erwärmte,
und echtes Leben war es nicht.

Und endlich bin ich heimgegangen
zu alter Stell und alter Lieb,
und von mir ab fiel das Verlangen,
das einst mich in die Ferne trieb.

Die Welt, die fremde, lohnt mit Kränkung,
was sich, umwerbend, ihr gesellt;
das Haus, die Heimat, die Beschränkung,
die sind das Glück und sind die Welt.

Theodor Fontane

7. Mai

Wenn es eine Weltmeisterschaft in „Heilende Berührungen“ gäbe, würde sicherlich den Müttern der erste Preis zugesprochen.
Vom Anfang unseres Lebens an hat sie uns gepflegt und liebkost. Ich denke, dass gerade in den kleinen und unscheinbaren Berührungen ein sehr großer Segen für jedes Kind liegt:
Die Mutter trocknet die Tränen, putzt Babypopo und rinnende Kindernasen. Sie wäscht schmutzige Hände, zieht Holzsplitter und Dornen aus Fingern und Zehen.
Die Mutter legt ihre kühlende Hand auf fieberheiße Stirnen, macht Wadenwickel und Umschläge, trägt Salbe auf und wischt den Schweiß ab.
Die Mutter nimmt die Weinenden, Ängstlichen und Traurigen in ihre Arme, tröstet und beruhigt. Sie herzt und küsst das Kind, drückt es fest an sich, streichelt ihm über das Haar. Niemand kann so liebevoll mit kleinen Gesten helfen wie sie.
Die Mutter zeichnet das Kreuz auf die Stirne und segnet das Kind. Tausendfach helfen und heilen die Hände der Mütter.

Anna Six

Ich will euch trösten, wie einen seine Mutter tröstet.

Jesaja 66,13

8. Mai

Ihr seid das Salz der Erde,
vielleicht nur ein Korn,
aber das Korn, man wird es schmecken.

Ihr seid das Licht der Welt,
vielleicht nur ein Funke,
aber der Funke fällt hell auf den Weg.

Ihr seid die Stadt auf dem Berge,
vielleicht nur ein Haus,
aber das Haus lacht aus den Fenstern.

Ihr seid das Salz der Erde,
vielleicht nur eine Hand voll,
aber das Salz bewahrt vor Fäulnis.

Rudolf Otto Wiemer

Der Herr antwortete auf die Bitte Abrahams für Sodom: „Ich will sie nicht verderben, wenn ich nur zehn Gerechte in ihr finde."

nach 1. Mose 18,32

9. Mai

Um aus Schwierigkeiten herauszukommen, muss man gewöhnlich durch sie hindurchkommen.

Weisheit

Adlergleich durch das Leben fliegen! Wie auf Schwingen über Probleme gleiten! Günstigen Aufwind mit einem Flügelschlag nutzen! Die Vielfalt der Anforderungen von oben sehen. Das Wesentliche von oben sehen und sich nicht in die Niederungen des Alltags verstricken! Blitzschnell entscheiden und mit ganzer Kraft das jetzt Notwendige tun. Mut und Kraft wie ein Adler, so dass die Dinge wie von selbst gelingen.
Wer wünscht sich das nicht, wenn die inneren Kräfte erlahmen, wenn das Leben einer Maulwurfsexistenz gleicht und man sich mühsam durch die Anforderungen der Tage gräbt. Wer möchte da nicht in lichten Höhen fliegen und scheinbar mühelos über dem Alltäglichen schweben?

Verfasser unbekannt

Die auf den Herrn harren, kriegen neue Kraft, dass sie auffahren mit Flügeln wie Adler, dass sie laufen und nicht matt werden, dass sie wandeln und nicht müde werden.

Jesaja 40,31

10. Mai

Kurz soll man beten, aber oft und stark.

Martin Luther

Gebet im Alter

Mein Gott,
ich bin dankbar für den Raum, den du mir gibst,
für den Ausblick und das Licht;
dass ich weiß, wo alles steht
und das Nötigste nicht fehlt.
Ich bin dankbar für die Neuigkeiten,
die mir Nachbarn bringen
und die aus Funk und Fernsehen zu mir dringen.
Ich bin dankbar für die Welt, die du mir lässt,
für die Bilder an den Wänden und die Erinnerung;
auch für die Kraft, mit der ich jeden Tag,
ohne es zu müssen,
mit Freude etwas sinnvoll schaffen mag.
Ich bin dankbar für das Leben, das ich habe.
Amen.

Knut Wenzel Backe

11. Mai

Wenn man im Machen nicht das anwendet, was man erkannt hat, kann man schließlich auch nicht mehr erkennen, was zu machen ist.

Horst Eberhard Richter

Es gibt viele Leute, die die großen Dinge tun können. Aber es gibt sehr wenige Leute, die die kleinen Dinge tun wollen.

Mutter Teresa

Gott gebe mir die Gelassenheit,
Dinge hinzunehmen,
die ich nicht ändern kann;
den Mut, Dinge zu ändern,
die ich ändern kann;
und die Weisheit,
das eine vom anderen zu unterscheiden.

Friedrich Christoph Oetinger

Der Segen des Herrn allein macht reich, und nichts tut eigene Mühe hinzu.

Sprüche 10,22

12. Mai

Lieber Gott, sei so gut:
Nimm mir die Angst vor dem Montag,
gib mir Nächstenliebe am Dienstag,
erneuere meine Kraft am Mittwoch.
„Ich bin bei dir!“, sag mir am Donnerstag,
und am Freitag, dass es ohne Kreuz nicht geht.
Am Samstag lass mich das Unerledigte noch tun.
Mach mich frei von allem, was bedrückt,
entspanne mich und gib mir einen neuen Horizont
am Tag, der dir und mir besonders gefällt.
Amen.

Knut Wenzel Backe

Gedenke des Sabbattages, dass du ihn heiligest. Sechs Tage sollst du arbeiten und alle deine Werke tun. Aber am siebenten Tage ist der Sabbat des Herrn, deines Gottes.

2. Mose 20,8-10

13. Mai

Wenn ein Mann arm ist, wenn er krank ist, wenn seine Vermögensverhältnisse unsicher sind, so hat er Gnade nötig.
Aber wenn er reich ist, wenn sein Geschäft blüht, seine Familie gesund ist und alles gut geht, dann hat er Gnade auf Gnade nötig.
Es ist schwer, an hohen Orten zu stehen. Der Kopf wird schwindelig, wenn man hinabblickt.
Es ist nicht leicht, einen vollen Becher mit einer festen Hand zu tragen ... Sommerwetter erzeugt Fliegen, und schönes Wetter in der Seele bringt die Übel und Schäden unserer Natur hervor.

Charles Haddon Spurgeon

Ich aber sprach, als es mir gut ging: Ich werde nimmermehr wanken. Denn, Herr, durch dein Wohlgefallen hattest du mich auf einen hohen Fels gestellt. Aber als du dein Antlitz verbargest, erschrak ich.

Psalm 30,7-8

14. Mai

Wir wissen nicht, was wir beten sollen, wie sich's gebührt; sondern der Geist selbst vertritt uns mit unaussprechlichem Seufzen.

nach Römer 8,26

Beten ist etwas höchst Einfältiges. Man sollte glauben, es sei ebenso leicht wie das Zuknöpfen der Hose, und wenn nichts anderes im Wege liege, so könne man sofort auf das Weltgeschichtliche losgehen. Und doch – wie schwer ist das Beten.

Sören Kierkegaard

Sing, bet und geh auf Gottes Wegen,
verricht das Deine nur getreu
und trau des Himmels reichem Segen,
so wird er bei dir werden neu.
Denn welcher seine Zuversicht
auf Gott setzt, den verlässt er nicht.

Georg Neumark, EG 369,7

15. Mai

In der Hoffnung, den Mond zu erreichen, vergisst der Mensch, die Blumen zu betrachten, die zu seinen Füßen blühen.

Albert Schweitzer

„Morgen wird gelebt!“,
so sprichst du unentwegt.
O Postumus, sag, wann
fängt hier das „morgen“ an?
Wie lange währt das „morgen“?
Wo ist's? Wie zu besorgen?
Ist es bei Parthern und Armeniern verborgen?
Das „morgen“ hat vielleicht
des Priamus und Nestor Alter schon erreicht.
Wie teuer ist denn dieses „morgen“?
O sag mir's! – Leben willst du morgen?
Auch heut zu leben ist zu spät.
Wer klug ist, Postumus, hat gestern schon gelebt.

Martial, 40-104 nach Christus

Rühme dich nicht des morgigen Tages;
denn du weißt nicht, was der Tag bringt.

Sprüche 27,1

16. Mai

Es werden allezeit Arme sein im Lande; darum gebiete ich dir und sage, dass du deine Hand auftust deinem Bruder, der bedrängt und arm ist in deinem Lande.

5. Mose 15,11

Eine Legende erzählt: Als Christus zum Himmel aufgefahren war, fragten ihn die Engel, wie es denn nun mit seinem Reich auf der Erde weitergehen solle. „Ich habe doch meine Jünger auf Erden", antwortete Christus.
Aber die Engel sahen, wie unbedeutend, wie schwach und verzagt die Jünger waren und fragten erschrocken: „Herr, hast du denn wirklich keinen anderen, keinen besseren Plan?" Und Christus entgegnete: „Nein – einen anderen Plan habe ich nicht."

H. L. Gee

Heißt das Gott dienen: in einen Winkel kriechen, niemand raten noch helfen? Wer Gott dienen will, der soll unter den Leuten bleiben und ihnen dienen, womit er kann.

Martin Luther

17. Mai

Wie schwer kommen die Reichen in das Reich Gottes! Denn es ist leichter, dass ein Kamel durch ein Nadelöhr gehe, als dass ein Reicher in das Reich Gottes komme ... aber was bei den Menschen unmöglich ist, das ist bei Gott möglich.

nach Lukas 18,24-25+27

Für Geld kann man kaufen:
Ein Bett – aber keinen Schlaf.
Schmuck – aber keine Schönheit.
Ein Haus – aber kein Heim.
Medikamente – aber keine Gesundheit.
Vergnügen – aber kein Glück.
Esswaren – aber keinen Appetit.
Luxusartikel – aber keine Kultur.
Bücher – aber keine Intelligenz.
Ein Kreuz – aber keinen Heiland.
Eine Mitgliedskarte – aber nicht
den Eingang zum Himmel.

Verfasser unbekannt

18. Mai

Dein Christus – ein Jude
Dein Auto – ein Japaner
Deine Pizza – italienisch
Deine Demokratie – griechisch
Dein Kaffee – brasilianisch
Dein Urlaub – türkisch
Deine Zahlen – arabisch
Deine Schrift – lateinisch
Und dein Nachbar – nur ein Ausländer?

Verfasser unbekannt

Schöne Dinge und gute Menschen machen ist schwer.

Aus China

Wenn jemand spricht: Ich liebe Gott, und hasst seinen Bruder, der ist ein Lügner. Denn wer seinen Bruder nicht liebt, den er sieht, der kann nicht Gott lieben, den er nicht sieht. Und dies Gebot haben wir von ihm, dass, wer Gott liebt, dass der auch seinen Bruder liebe.

1. Johannes 4,20-21

19. Mai

So lasst euer Licht leuchten vor den Leuten, damit sie eure guten Werke sehen und euren Vater im Himmel preisen.

Matthäus 5,16

Mach mich, o Herr, mach mich der Gnade wert!
Gib mir den Frieden, den die Welt begehrt!
Hab' ich in mir die Zwietracht überwunden,
dann kann mein Nachbar schon an mir gesunden.

Gib, dass ich Liebe spende, wo man hasst,
und still verzeihe, wo man sich beleidigt!
Gib, dass mein Wort die Herzen so erfasst,
dass es verbindet und den Streit beseitigt!

Gib, dass ich wahr bin und die Wahrheit sag'
und sie als deinen Leib durchs Leben trag'!
Gib, Herr, dass mir die größte Probe glückt
und man mir glaubt, wo noch der Zweifel drückt!

Gib, dass ich tief ins finstre Reich hinein
die Fackel trage, die du mir entzündet,
und dass ich, ganz mit Fröhlichkeit verbündet,
dem Schmerz gebiete, still zu sein!

Fritz Diettrich

20. Mai

Erzählung von einem Manne, der ein Viehhirt war und der nicht zu beten wusste:

Jeden Tag aber pflegte er zu sprechen: Herr der Welt! Offen und kund ist's vor dir, dass wenn du Vieh hättest und du es mir zum Hüten gäbest – für alle hüte ich um Lohn – für dich würde ich's umsonst tun, denn ich liebe dich.
Einst ging ein Gelehrter seines Wegs und traf den Hirten, der also betete. Sprach er zu ihm: Narr, bete nicht also. Sprach der Hirte zu ihm: Wie denn soll ich beten? Sogleich lehrte ihn der Fromme die Ordnung der Segenssprüche, das „Höre Israel ...“ und das Gebet, damit er nicht ferner spreche, was er zu sprechen gewohnt war.
Nachdem der Fromme fortgegangen war, vergaß jener alles, was er ihn gelehrt hatte, und betete nicht; auch was er zu sprechen gewohnt war, fürchtete er sich zu sprechen, da jener es ihm verwehrt hatte. Dem Gelehrten aber erschien im Traume der Nacht, dass man zu ihm sprach: Wenn du nicht sagst, dass er sprechen solle, was er zu sprechen gewohnt war, bevor du zu ihm gekommen bist, und wenn du nicht hingehst, dann wisse, dass Böses dich treffen wird, denn geraubt hast du mir einen von der kommenden Welt.

Juda Hechassid, 12./13. Jahrhundert

21. Mai

Betrachte immer die helle Seite der Dinge! Und wenn sie keine haben, dann reibe die dunkle, bis sie glänzt!

Sprichwort

„Denn bei dir ist die Quelle des Lebens, und in deinem Lichte sehen wir das Licht“ (Psalm 36,10). Wenn wir leer und ausgelaugt sind, füllt Gott uns mit Lebensmut und neuer Freude. So wie der Regenbogen, wenn alles noch dunkel und trübe ist, schon anzeigt, dass hinter den Wolken die Sonne scheint, so gibt uns Gott Zeichen der Hoffnung. Wir wissen uns geborgen in Gott. Das verhilft uns zur Heiterkeit des Glaubens.

Ulrich Heidenreich

Ich bin vergnügt, im Siegeston
verkünd’ es mein Gedicht,
und mancher Mann mit seiner Kron’
und Zepter ist es nicht.
Und wär er’s auch: nun, immerhin!
Mag er’s! So ist er, was ich bin.

Matthias Claudius

22. Mai

In deiner Hand ist Ewigkeit,
ist jede Stunde, jede Zeit.
In deiner Hand ist Tier und Baum,
die Erde und der Weltenraum.

In deiner Hand sind wir, bin ich.
Wir danken dir, wir loben dich.
In deiner Hand ist Ewigkeit,
ist gute Zeit, ist böse Zeit.

Aus deiner Hand kommt unser Brot,
kommt unser Leben, unser Tod.
In deiner Hand ist Ewigkeit,
ist Anfang und das Ziel der Zeit.

In deine Hand führt unser Flug.
Bei dir ist Raum für uns genug.
In deiner Hand sind wir, bin ich.
Wir danken dir, wir loben dich.

Kurt Rommel

Ich danke dir dafür, dass ich wunderbar gemacht bin; wunderbar sind deine Werke; das erkennt meine Seele.

Psalm 139,14

23. Mai

Deine Hände, großer Gott,
halten unsre liebe Erde,
gibst das Leben, gibst den Tod,
schenkst uns Wasser, schenkst uns Brot,
gib auch, dass wir dankbar werden.

Unsre Welt ist wirr und bunt,
jeder will das Beste haben.
Jeder hastet Stund um Stund.
Halt uns Menschen doch gesund,
du allein verteil die Gaben.

Hilf, dass in der weiten Welt
Kinder nicht aus Hunger sterben.
Fruchtbar mache jedes Feld,
ordne alles Gut und Geld,
keine Seele lass verderben.

Margareta Fries, EG 424

Gott will, dass nichts von dem vernichtet werde, was er geschaffen hat.

Tertullian, um 200

24. Mai

Wenn ich, o Schöpfer, deine Macht,
die Weisheit deiner Wege,
die Liebe, die für alle wacht,
anbetend überlege:
so weiß ich, von Bewundrung voll,
nicht, wie ich dich erheben soll,
mein Gott, mein Herr und Vater.

Christian Fürchtegott Gellert, EG 506,1

Eine winzig kleine Blume
von irgendeinem wilden Wegrain,
die Schale einer kleinen Muschel am Strand,
die Feder eines Vogels,
das alles verkündet dir,
dass der Schöpfer ein Künstler ist.

Tertullian, um 200

Und Gott sah an alles, was er gemacht hatte,
und siehe, es war sehr gut.
Da ward aus Abend und Morgen der sechste Tag.

1. Mose 1,31

25. Mai

Doch vor die Tugend setzten den Schweiß
die unsterblichen Götter.
Weit und steil ist der Pfad, der zu ihr führet
den Wandrer und gar rau im Beginn;
doch hat er die Höhe gewonnen,
geht es sich leicht darauf hin,
war auch beschwerlich der Anstieg.

Hesiod

Wie du am Ende deines Lebens wünschest gelebt zu haben, so kannst du jetzt schon leben.

Marc Aurel

Vertraut den neuen Wegen und wandert in die Zeit!
Gott will, dass ihr ein Segen für seine Erde seid.
Der uns in frühen Zeiten das Leben eingehaucht,
der wird uns dahin leiten,
wo er uns will und braucht.

Vertraut den neuen Wegen,
auf die uns Gott gesandt!
Er selbst kommt uns entgegen.
Die Zukunft ist sein Land.
Wer aufbricht, der kann hoffen in Zeit und Ewigkeit.
Die Tore stehen offen. Das Land ist hell und weit.

Klaus Peter Hertzsch, EG 395,2-3

26. Mai

Der Scherz ist oft das Loch,
aus dem die Wahrheit pfeift.

Aus Japan

Einmal lag ein Vogel auf seinem Rücken und streckte beide Beine zum Himmel. Da kam ein anderer Vogel geflogen, setzte sich daneben und fragte: „Was machst du da? Bist du tot?"
„Nein, ich bin nicht tot", sagte der andere.
„Aber warum liegst du denn da und hältst deine Beine so starr?"
„Siehst du denn nicht, was ich mache? Ich trage den Himmel mit meinen Beinen. Wenn ich die Beine anziehe und den Himmel loslasse, fällt er herunter und bricht zusammen."
Kaum hatte er das gesagt, löste sich ein Blatt vom Baum und fiel raschelnd auf die Erde. Darüber erschrak der Vogel so sehr, dass er sich schleunigst umdrehte und davonflog. –
Und der Himmel fiel nicht herunter.

Nach einer Legende

Der Himmel stürzt nicht ein, wenn wir ihn nicht halten. Wir machen nur eine komische Figur, wenn wir uns selbst zu wichtig nehmen.

Ulrich Heidenreich

27. Mai

Wisse, dass Gott dienen nichts anderes ist, denn deinem Nächsten dienen und mit Liebe wohltun, es sei Feind, Freund, ohn' Unterschied, wer dein bedarf an Leib und Seel, und wo du helfen kannst, leiblich und geistlich, das ist Gottesdienst und gute Werk.

Martin Luther

Seid nicht träge in dem, was ihr tun sollt.
Seid brennend im Geist. Dient dem Herrn.

Römer 12,11

Unser Herr will alle seine Erwählten als ein Heer haben und sie alle wie eine Schar unterweisen. Und wann sind wir am deutlichsten eins? Wenn wir an die Arbeit gehen. Wenn ihr über die Punkte, in denen ihr verschieden denkt, zu diskutieren anfangt, so wünsche ich euch einen guten Morgen. Aber wenn ihr für Jesus arbeiten wollt, so gestattet mir, mit euch zu gehen ... Trägheit ist Versuchung.

Charles Haddon Spurgeon

28. Mai

Ein fremder Gast in meinem Haus:
Ich teilte mit ihm die Speise,
ich bot ihm Wein zum Trank,
ich spielte ein Lied für ihn.
Und im Namen der Dreifaltigkeit
segnete er mich und mein Haus,
mein Vieh und meine Lieben.
Und auf dem Dach die Lerche sang:
Oft, oft, oft kommt Christ im Gewand
eines Fremden.

Wolfgang Poeplau

Vergesst nicht, gastfrei zu sein.

nach Hebräer 13,2

Ihr sollet gegen jedweden Gastfreundschaft üben; doch wenn der Gast länger als drei Tage bei euch verweilet, so könnet ihr mit der Freundlichkeit langsam nachlassen.

Alte Regel aus dem Kloster Altenberg

Tag und Nacht arbeiteten wir, um niemand unter euch zur Last zu fallen, und predigten unter euch das Evangelium Gottes.

1. Thessalonicher 2,9

29. Mai

Frage nach Tugenden, nicht nach Schönheit; frage nach dem Charakter, nicht nach dem Herkommen; frage nach Leistungen, nicht nach Wissen; und frage nach der Art der Verwendung, nicht nach der Größe des Reichtums.

Aus Indien

Gott straft nicht, dass man Reichtum und Güter hat, sondern dass man der Güter übel braucht, das heißt sie allein zur Stillung seiner Lüste verwendet, den Armen damit nicht hilft und über das, was uns Gott gegeben hat, kein treuer Haushalter ist.

Martin Luther

Richtet nicht nach dem, was vor Augen ist, sondern richtet gerecht.

Johannes 7,24

30. Mai

Geh hin zur Ameise, du Fauler, sieh an ihr Tun und lerne von ihr! Wenn sie auch keinen Fürsten noch Hauptmann noch Herrn hat, so bereitet sie doch ihr Brot im Sommer und sammelt ihre Speise in der Ernte.

Sprüche 6,6-8

Das Gebet der Ameise

Herr, man tut mir Unrecht.
Ich sammle und lege Vorräte an.
Habe ich dann nicht das Recht,
ein wenig die Frucht meiner Arbeit zu genießen,
ohne mit ansehen zu müssen,
wie irgendein zirpender Bummelant
meine Speicher ausräumt?
Etwas ist an deiner Gerechtigkeit,
was ich kaum verstehe.
Ob man das nicht einmal überprüfen könnte?
Wenn ich es wagen darf, einen Rat zu geben.
Ich bin noch nie jemandem zur Last gefallen
und schlage mich ganz gut durch –
ohne mich rühmen zu wollen.
Und da soll man zu diesem unverbesserlichen
Mangel an Vorsorge gewisser Leute
ewig von neuem sagen: Amen?

Carmen Bernos de Gasztold

31. Mai

Wir haben den Einzelnen wiederentdeckt. Wir privatisieren nicht nur die Wirtschaft, sondern auch die Sorgen, Probleme und Leiden der Menschen. Nur wenigen gelingt es noch, aus den Erfahrungen ihrer individuellen Hilflosigkeit herauszukommen und den Schritt zu einem gemeinsamen Handeln zu tun.

Ulrich Heidenreich

Weh dem, der allein ist, wenn er fällt! Dann ist kein anderer da, der ihm aufhilft.

Prediger 4,10

Im Monat Elul, da die Menschen ihre Seelen für die Tage des Gerichts bereit machen, pflegte Rabbi Chajim Geschichten zu erzählen, mit einer Melodie, die alle Hörer zur Umkehr bewegte. Einmal erzählte er: „Es hat sich einst einer im tiefen Wald verirrt. Nach einer Zeit verirrte sich ein Zweiter und traf auf den Ersten. Ohne zu wissen, wie es dem ergangen war, fragte er ihn, auf welchem Weg man hinausgelange. ‚Den weiß ich nicht', antwortete der Erste, ‚aber ich kann dir die Wege zeigen, die nur noch tiefer ins Dickicht führen, und dann lass uns gemeinsam nach dem Wege suchen.' Gemeinde!", so schloss der Rabbi seine Erzählung, „suchen wir gemeinsam den Weg!"

Martin Buber

Juni

1. Juni

Was frag ich viel nach Geld und Gut,
wenn ich zufrieden bin!
Gibt Gott mir nur gesundes Blut,
so hab ich frohen Sinn
und sing aus dankbarem Gemüt
mein Morgen- und mein Abendlied.

So mancher schwimmt im Überfluss,
hat Haus und Hof und Geld
und ist doch immer voll Verdruss
und freut sich nicht der Welt:
Je mehr er hat, je mehr er will,
nie schweigen seine Klagen still.

Und wenn die goldne Sonn' aufgeht
und golden wird die Welt;
wenn alles in der Blüte steht
und Ähren trägt das Feld,
dann denk ich: Alle diese Pracht
hat Gott zu meiner Lust gemacht.

Dann preis' ich laut und lobe Gott
und schweb' in hohem Mut
und denk: Es ist ein lieber Gott
und meint's mit Menschen gut.
Drum will ich immer dankbar sein
und mich der Güte Gottes freun!

Johann Martin Miller

2. Juni

Wer ist der Mann, der den Herrn fürchtet? Er wird ihm den Weg weisen, den er wählen soll.

Psalm 25,12

Ob die Achtung vor dem Leben heute darum so zu verkommen droht, weil der Glaube an Gott so schwach geworden ist?
Wenn wir uns darauf berufen, dass unser Leben durch das Kommen Gottes in seinem Sohn befreit ist, dann muss doch auch zu spüren sein, was diese Botschaft für unseren Alltag bedeutet. Sind wir nicht längst nach anderen Spielregeln angetreten als nach denen des Glaubens, der Hoffnung, der Liebe?
Es geht darum, woran wir uns ausrichten, was uns bestimmt. Es gilt, zu tun, was Leben möglich macht; denn Gott ist ein Freund des Lebens.

Ulrich Heidenreich

3. Juni

Zu einem alten Rabbi kam ein Mann und klagte: „Rabbi, mein Leben ist nicht mehr erträglich. Wir wohnen zu sechst in einem einzigen Raum. Was soll ich nur machen?“
Der Rabbi antwortete: „Nimm deinen Ziegenbock mit ins Zimmer.“
Der Mann glaubte, nicht recht gehört zu haben. „Den Ziegenbock mit ins Zimmer?“
„Tu, was ich gesagt habe“, sagte der Rabbi, „und komm nach einer Woche wieder.“
Nach einer Woche kam der Mann wieder, total am Ende. „Wir können es nicht mehr aushalten, der Bock stinkt fürchterlich!“
Der Rabbi sagte zu ihm: „Geh nach Hause und stell den Bock wieder in den Stall. Dann komm nach einer Woche wieder.“
Die Woche verging. Als der Mann zurückkam, strahlte er über das ganze Gesicht: „Das Leben ist herrlich, Rabbi. Wir genießen jede Minute. Kein Ziegenbock – nur wir sechs.“

Nach einer Überlieferung

Ich leide keinen Mangel; denn ich habe gelernt, mir genügen zu lassen, wie's mir auch geht.

nach Philipper 4,11

4. Juni

Kämpfe den guten Kampf des Glaubens; ergreife das ewige Leben, wozu du berufen bist und bekannt hast das gute Bekenntnis vor vielen Zeugen.

1. Timotheus 6,12

Nichts kann mehr zu einer Seelenruhe beitragen, als wenn man gar keine Meinung hat. Wenn ein Buch und ein Kopf zusammenstoßen und es klingt hohl, ist das allemal im Buch?

Georg Christoph Lichtenberg

Es gilt ein frei Geständnis
in dieser unsrer Zeit,
ein offenes Bekenntnis
bei allem Widerstreit,
trotz aller Feinde Toben,
trotz allem Heidentum
zu preisen und zu loben
das Evangelium.

Philipp Spitta, EG 136,4

5. Juni

Heilger Geist, du Tröster mein,
hoch vom Himmel uns erschein
mit dem Licht der Gnaden dein.

O du sel’ge Gnadensonn,
füll das Herz mit Freud und Wonn
aller, die dich rufen an.

Ohn dein Beistand, Hilf und Gunst
ist all unser Tun und Kunst
vor Gott ganz und gar umsonst.

Führ uns durch die Lebenszeit,
gib im Sterben dein Geleit,
hol uns heim zur ewgen Freud.

Martin Moller, EG 128,1+3-4+7

Der Geist ist’s, der lebendig macht; das Fleisch ist nichts nütze. Die Worte, die ich zu euch geredet habe, die sind Geist und sind Leben.

Johannes 6,63

6. Juni

Allein müssten wir an der Not und an der Ungerechtigkeit, der Friedlosigkeit und Dummheit der Menschen verzweifeln. Allein geht uns Mut und Kraft verloren. Allein wird das Lob Gottes in unserem Leben immer leiser, bis es verstummt.
Erst in der Gemeinschaft wird uns Unmögliches möglich, stimmen wir ein in die Lieder der anderen, werden wir zurückgerufen auf Jesu Weg und finden Freude in Gott.
Gemeinsam suchen wir über dem Trennenden das Verbindende, bringen wir in das Grau des Alltags die Farbe der Hoffnung, wagen wir gegen eine harte Wirklichkeit die Träume des Glaubens.

Ulrich Heidenreich

Sie blieben aber beständig in der Lehre der Apostel und in der Gemeinschaft und im Brotbrechen und im Gebet.

Apostelgeschichte 2,42

7. Juni

Das Schiff, das sich Kirche nennt

Ein Teil der Besatzung schläft,
auf der Kommandobrücke
streitet man über den richtigen Kurs,
einige veranstalten
in den aufgehängten Ruderbooten
Ruderwettkämpfe und ziehen ächzend
die Ruder durch die Luft.
Die Luftbewegungen, die dabei entstehen,
bezeichnen sie dann
als frischen Wind.
Doch: Täglich wird das Deck geschrubbt.
Wenn es auch nicht vorwärts geht,
das Schiff ist sauber.

Otmar Schnurr

Ihr wisst, wie ihr uns nachfolgen sollt. Denn wir haben nicht unordentlich bei euch gelebt, haben auch nicht umsonst Brot von jemandem genommen, sondern mit Mühe und Plage haben wir Tag und Nacht gearbeitet, um keinem von euch zur Last zu fallen.

2. Thessalonicher 3,7-8

8. Juni

Ich glaube nicht, dass Gott an Duplikaten von sich selbst interessiert ist. Sonst hätte er uns ja so schaffen können.
Er ist interessiert an Originalen, die ihren ganz eigenen Weg gehen und die durch ihre Selbständigkeit, Eigenart und ihre getroffenen Entscheidungen zu einem Gegenüber für ihn werden können.

Ulrich Schaffer

Es sind verschiedene Gaben; aber es ist ein Geist.
Und es sind verschiedene Ämter; aber es ist ein Herr.
Und es sind verschiedene Kräfte; aber es ist ein Gott, der da wirkt alles in allen.

1. Korinther 12,4-6

Als Rabbi Noach, Rabbi Mordechais Sohn, die Nachfolge seines Vaters angetreten hatte, merkten die Schüler, dass er in manchem sich anders als jener betrug, und befragten ihn darum. „Ich halte es", antwortete er, „genau so wie mein Vater. Er hat nicht nachgemacht, und ich mache nicht nach."

Martin Buber

9. Juni

Denn welche der Geist Gottes treibt, die sind Gottes Kinder.

Römer 8,14

Mein Herr und Gott, des gute Hand
mich immerdar geführt,
hilf mir, dass ich in meinem Stand
das tu, was mir gebührt.

Was mir gebührt, das ist der Fleiß,
der sich nicht viel besinnt,
und wenn er, was er tun soll, weiß,
sofort sein Werk beginnt.

Was mir gebührt, das liege mir
am Herzen allezeit,
dass ich nicht Zeit noch Kraft verlier
durch Vielgeschäftigkeit.

Und was ich tu, das tu ich dir –
ach, richt's zu deiner Ehr,
bekenne segnend dich zu mir
und meine Kraft vermehr.

Philipp Spitta

10. Juni

Bekenntnis

Jesus Christus ist das Licht der ganzen Welt.
Ihm vertrauen wir. Er bestimmt unser Leben.
Er tilgt unsere Schuld.
Was vergangen, soll die Zukunft nicht verdunkeln.
Andern werden wir nun auch
Raum zu neuem Leben schaffen.
Er schließt Frieden und macht uns bereit,
Frieden in die Welt zu bringen.
Seine Liebe macht uns fähig,
dass wir auch den anderen lieben,
nicht mehr fürchten, nicht mehr hassen.
Er hat sich für alle eingesetzt.
Keine Grenze kann uns hindern,
dass wir neu den anderen suchen.
So wächst Einheit seiner Kirche, seiner Welt.
Er gibt seinen Geist,
und wir wagen,
neue Wege zu beschreiten.

Peter Gleis

11. Juni

Ihr sollt euch nicht Meister nennen lassen; denn einer ist euer Meister; ihr aber seid alle Brüder.

nach Matthäus 23,8

Werdet im Dienste des Reiches Gottes
keine Herren oder Herrlein!
Werdet vielmehr Knechte!
Denn auch Christus wurde ein Knecht.
Ich weiß, ihr habt Versuchung, Herren zu werden.
O, nur keine Herren!
Das steht jedermann übel an,
besonders aber einem Knecht Christi.
Wisset, dass der Heiland
keine Weltstudenten brauchen kann,
sondern Tagelöhner, Knechte, Lastträger,
die ihn aber lieb haben.
Leute, die schwitzen, frieren, hungern
und sich eine Lust daraus machen um seiner willen.
Es geht in den Feldzug,
da kann man keine Leute brauchen,
welche Kleider schonen.
Seid keine Paraderosse, sondern Zugpferde.

Ludwig Hofacker

12. Juni

Alle gute Gabe und alle vollkommene Gabe kommt von oben herab, von dem Vater des Lichts.

Jakobus 1,17

die frage ist
wo ist oben
was ist oben
wer ist oben
denn je nachdem
was bei uns oben ist
kann man sich ausrechnen
was auf uns herabkommt
welcher geist

für uns christen
müsste jesus oben sein
oberstes prinzip müsste jesus sein
und wenn das wäre
dann käme der geist jesu
auch wie feuer auf uns herab
wie regen
wie freude
wie wahrheit
wie ein wunder

Wilhelm Willms (Auszug)

13. Juni

Lass uns in deinem Namen, Herr,
die nötigen Schritte tun.
Gib uns den Mut, voll Glauben, Herr,
heute und morgen zu handeln.

Lass uns in deinem Namen, Herr,
die nötigen Schritte tun.
Gib uns den Mut, voll Liebe, Herr,
heute die Wahrheit zu leben.

Lass uns in deinem Namen, Herr,
die nötigen Schritte tun.
Gib uns den Mut, voll Hoffnung, Herr,
heute von vorn zu beginnen.

Kurt Rommel

Die rettende Liebe muss der Kirche das große Werkzeug werden, womit sie die Tatsache des Glaubens erweist. Wie der ganze Christus im lebendigen Gotteswort sich offenbart, so muss er auch in den Gottestaten sich predigen. So bricht in unserer Kirche der Tag ihrer neuen Zukunft an.

Johann Hinrich Wichern

14. Juni

Siehe, ich sende euch!

Matthäus 10,16

Vor 2 300 Jahren erbauten die Chinesen Mauern,
um sich gegen Einflüsse von außen zu schützen.
Im Jahre eintausendneunhunderteinundsechzig
machen wir es genauso.
Wir leben im Kreise
nach unserer Weise,
und was wir beginnen,
wir tun es nach innen.
Weinen und lachen, Feste machen
und uns bedauern ...
denn wir sind stolz
auf unsere Mauern.
Wir haben sie ja selbst gebaut,
von den Chinesen abgeschaut.
Wir brauchen keine neuen Ideen,
wir sind ja mit alten reichlich versehen
aus guten, verstaubten Kisten.
Wir nennen uns menschlich und Christen.
Und wer anders denkt, ist zu bedauern;
er lebt eben draußen
vor unsern Mauern.

Walter Netzsch

15. Juni

Wenn ich nur dich habe, so frage ich nichts nach Himmel und Erde. Wenn mir gleich Leib und Seele verschmachtet, so bist du doch, Gott, allezeit meines Herzens Trost und mein Teil.

Psalm 73,25-26

Wo Jesus nicht des Lebens Kraft, sondern des Lebens Schmuck – nicht des Lebens Gehalt, sondern des Tages Abwechslung ist, da wäre es besser, man hätte ihn nie gekannt.

Hermann Bezzel

Die Kirche hat es dazu kommen lassen, dass das Christentum immer weniger der Sauerteig war und das Salz, sondern dass es im Teig der Welt zur vereinzelten Rosine wurde. Es stand dann jedem frei, die Rosine nicht mitzuessen – Christentum wurde Geschmackssache.

Ina Seidel

16. Juni

Nun erfahre ich in Wahrheit, dass Gott die Person nicht ansieht; sondern in jedem Volk, wer ihn fürchtet und recht tut, der ist ihm angenehm.

Apostelgeschichte 10,34-35

In den Südstaaten der USA will ein Farbiger eine Kirche der Weißen betreten. Ein Polizist verwehrt ihm den Eintritt. „Ich will hier nur sauber machen." – „Dann darfst du rein", sagte der Polizist, „aber wehe, ich erwische dich beim Beten!"

Verfasser unbekannt

Schaue die Zertrennung an,
der kein Mensch sonst wehren kann;
sammle, großer Menschenhirt,
alles, was sich hat verirrt.
Erbarm dich, Herr.

Johann Christian Nehring, EG 263,3

17. Juni

Ich bin vergnügt
erlöst
befreit
Gott nahm in seine Hände
Meine Zeit
Mein Fühlen Denken
Hören Sagen
Mein Triumphieren
Und Verzagen
Das Elend
Und die Zärtlichkeit

Was macht dass ich so fröhlich bin
In meinem kleinen Reich
Ich sing und tanze her und hin
Vom Kindbett bis zur Leich

Was macht dass ich so furchtlos bin
An vielen dunklen Tagen
Es kommt ein Geist in meinen Sinn
Will mich durchs Leben tragen

Was macht dass ich so unbeschwert
Und mich kein Trübsinn hält
Weil mich mein Gott das Lachen lehrt
Wohl über alle Welt

Hanns Dieter Hüsch

18. Juni

Große Eroberer werden immer angestaunt werden, und die Universalhistorie wird ihre Periode nach ihnen zuschneiden: Das ist traurig, es liegt aber in der menschlichen Natur.
Gegen den großen und starken Körper selbst eines Dummkopfs wird immer der kleine des größesten Geistes und sonach der große Geist selbst verächtlich erscheinen, wenigstens für den größten Teil der Welt, und das, solange Menschen Menschen sind. Den großen Geist im kleinen Körper vorzuziehen, ist Überlegung, und zu der erheben sich die wenigsten Menschen. Bei einem Viehmarkt sind immer die Augen auf den größten und fettesten Ochsen gerichtet.

Georg Christoph Lichtenberg

Ich mag den nicht, der stolze Gebärde und hoffärtige Art hat. Meine Augen sehen nach den Treuen im Lande, dass sie bei mir wohnen; ich habe gerne fromme Diener.

Psalm 101,5-6

19. Juni

Suche Frieden und jage ihm nach. Denn die Augen des Herrn sehen auf die Gerechten, und seine Ohren hören auf ihr Gebet.

nach 1. Petrus 3,11-12

Wenn Sie Gutes tun, werden Menschen Ihnen vorwerfen, Sie hätten egoistische Beweggründe.
Tun Sie trotzdem Gutes.
Wenn Sie erfolgreich sind, werden Sie falsche Freunde und wahre Feinde gewinnen.
Versuchen Sie trotzdem, erfolgreich zu sein.
Das Gute, das Sie tun,
wird vielleicht morgen schon vergessen sein.
Tun Sie es trotzdem.
Ehrlichkeit und Offenheit werden Sie verletzlich machen. Seien Sie trotzdem ehrlich und offen.
Geben Sie trotzdem Ihr Bestes.

Verfasser unbekannt

20. Juni

Die Menschen in der Welt haben nicht die Freude, die wir haben. Unsere Heiterkeit ist das beste Mittel, um den Heiden das Christentum zu predigen ... Solange ihr froh seid, fürchtet euch nicht vor der Lauheit. Die Freude leuchtet aus den Augen und dem Blick, aus dem Gespräch und aus der Haltung. Ihr könnt sie nicht in euch zurückhalten, weil sie nach außen drängt.
Wenn die Menschen das Glück in euren Augen sehen, werden sie sich bewusst sein, dass sie Kinder Gottes sind.

Mutter Teresa

Wenn ihr meine Gebote haltet, so bleibt ihr in meiner Liebe, wie ich meines Vaters Gebote halte und bleibe in seiner Liebe.
Das sage ich euch, damit meine Freude in euch bleibe und eure Freude vollkommen werde.

Johannes 15,10-11

21. Juni

Es ist Unsinn
sagt die Vernunft
Es ist was es ist
sagt die Liebe

Es ist Unglück
sagt die Berechnung
Es ist nichts als Schmerz
sagt die Angst
Es ist aussichtslos
sagt die Einsicht
Es ist was es ist
sagt die Liebe

Es ist lächerlich
sagt der Stolz
Es ist leichtsinnig
sagt die Vorsicht
Es ist unmöglich
sagt die Erfahrung
Es ist was es ist
sagt die Liebe

Erich Fried

22. Juni

Lieber Gott, mach die bösen Menschen gut und die guten etwas netter.

Verfasser unbekannt

Wer Christus wirklich liebt, muss alle Menschen wirklich lieben, denn sie sind seine Brüder. Auch wenn sie hässlich, einfältig oder böse sind, die Liebe muss sie verwandeln. Oft ist Liebe in kleiner Münze die einzig mögliche ...
Helfen, so gut man kann, sich nicht ärgern, Verständnis zeigen, ruhig und freundlich bleiben (so gut man kann): das heißt, den Nächsten lieben, ohne große Worte, aber in der Tat ...
Christus konnte sich in die Lage der anderen versetzen, er litt mit ihnen. Er vergab den Sündern, er nahm sie in Schutz und verteidigte sie, etwa den Zachäus, die Ehebrecherin, Magdalena.

Johannes Paul I.

23. Juni

Habannaka musste einmal eine lange Reise unternehmen und fürchtete, er könnte sich verlaufen oder verlieren. Sicherheitshalber hängte er sich eine Kürbisflasche als Kennmal um den Hals.
Als er dann in einer Herberge übernachtete, nahm ein anderer ihm vorsichtig die Flasche ab und hängte sie sich selbst um. Am darauf folgenden Morgen entdeckte der Dummkopf sein Kennmal am Hals des fremden Mannes. Da meinte er verblüfft: „Eigenartig! Dieser Mann ist ich. Und wer bin ich?"

Aus dem Altarabischen

Seht, welch eine Liebe hat uns der Vater erwiesen, dass wir Gottes Kinder heißen sollen – und wir sind es auch!

1. Johannes 3,1

24. Juni

Gesprochene Worte sind wie aus der Tube gequetschte Zahnpasta. Du bringst sie nie wieder zurück.

Arthur Miller

Wer dir vom Nachbarn hässlich spricht,
erfreut durch Witz – doch trau' ihm nicht;
meinst du, er würde über jeden –
nur über dich nicht – Böses reden?

Eugen Roth

Wer unvorsichtig herausfährt mit Worten,
sticht wie ein Schwert;
aber die Zunge der Weisen bringt Heilung.

Sprüche 12,18

25. Juni

Keiner irrt nur für sich, sondern er ist auch Grund und Urheber vom Irren anderer.

Seneca

Es ist mit den Menschen wie mit den Uhren. Eine falsch gehende Taschenuhr täuscht vielleicht nur den Besitzer, aber wenn die Turmuhr falsch geht, so wird die ganze Stadt irregeführt.
Der Prediger ist eine solche öffentliche Uhr. Viele richten ihre Uhr nach ihm; wenn er nicht recht geht, so gehen sie falsch, und er ist in hohem Maße verantwortlich für die Sünde, die er veranlasst hat ...
Taten sprechen lauter als Worte, und ein schlechtes Leben übertönt die beredtste Predigt ...
Fürchtet euch davor, bloße Uhrenpfarrer zu sein, die nicht von der innewohnenden Gnade leben, sondern nur zu einer bestimmten Stunde aufgezogen werden.

Charles Haddon Spurgeon

Wenn aber ein Blinder den andern führt, so fallen sie beide in die Grube.

Matthäus 15,14

26. Juni

Gewöhnlich besteht die Religion der Menschen darin, Gott zu dienen, ohne unhöflich gegen den Teufel zu sein.

Johan Gabriel Oxenstierna

Ihr seid teuer erkauft; werdet nicht der Menschen Knechte.

1. Korinther 7,23

Es gibt eine Idee, die einst die Welt
in Bewegung setzen wird:
Dass Gott den Menschen nicht als Konsumenten
und Produzenten erschaffen hat;
dass das Lebensmittel nicht Lebenszweck ist;
dass der Magen dem Kopf nicht
über den Kopf wächst;
dass das Leben nicht in der Ausschließlichkeit
der Erwerbsinteressen begründet sei;
dass der Mensch in die Zeit gesetzt sei,
um Zeit zu haben,
und nicht mit den Beinen
eher irgendwo anzulangen
als mit dem Herzen.

Karl Kraus

27. Juni

Selbst die besten Freunde sollte eine hohe Mauer trennen.

Aus China

Die Gemeinschaft erkaltet leicht, wenn man zu regelmäßig beisammen ist.

Montaigne

Es gibt dreierlei Freunde, die von Nutzen sind, und dreierlei Freunde, die von Übel sind. Freundschaft mit Aufrichtigen, Freundschaft mit Beständigen, Freundschaft mit Erfahrenen ist von Nutzen. Freundschaft mit Schmeichlern, Freundschaft mit Duckmäusern, Freundschaft mit Schwätzern ist von Übel.

Konfuzius

Ein treuer Freund ist ein starker Schutz; wer den findet, der findet einen großen Schatz.

Sirach 6,14

28. Juni

Bevor du dich daran machst, die Welt zu verändern, gehe dreimal durch dein eigenes Haus.

Aus China

Wer nun eines von diesen kleinsten Geboten auflöst und lehrt die Leute so, der wird der Kleinste heißen im Himmelreich; wer es aber tut und lehrt, der wird groß heißen im Himmelreich.
Denn ich sage euch: Wenn eure Gerechtigkeit nicht besser ist als die der Schriftgelehrten und Pharisäer, so werdet ihr nicht in das Himmelreich kommen.

Matthäus 5,19-20

Ein Mensch, der spürt, wenn auch verschwommen,
Er müsste sich, genau genommen,
Im Grunde seines Herzens schämen,
Zieht vor, es nicht genau zu nehmen.

Eugen Roth

29. Juni

Man verirrt sich nie so leicht, als wenn man glaubt, den Weg zu kennen.

Aus China

Gib, dass wir heute, Herr, durch dein Geleite
auf unsern Wegen unverhindert gehen
und überall in deiner Gnade stehen.
Lobet den Herren!

Treib unsern Willen, dein Wort zu erfüllen;
hilf uns gehorsam wirken deine Werke;
und wo wir schwach sind, da gib du uns Stärke.
Lobet den Herren!

Paul Gerhardt, EG 447,7-8

Der Weg der Gottlosen sieht fast immer schöner aus als der Weg der Gottseligen.

Martin Luther

30. Juni

Es gibt beständig eine Weltlichkeit, die gerade eben noch den Namen des Christseins tragen will, aber es so billig wie möglich zu werden wünscht. Diese Weltlichkeit ward aufmerksam auf Luther.
Sie hörte – aus Vorsicht hörte sie noch einmal, um nicht etwa falsch gehört zu haben – und dann sagte sie: Vortrefflich, das ist etwas für uns; Luther sagt: Allein der Glaube ist's, auf den es ankommt.
Dass sein Leben die Werke ausdrückt, das sagt er nicht selbst, und da er nun tot ist, gilt das nicht mehr in Wirklichkeit.
Also halten wir uns an sein Wort, seine Lehre und wir sind frei von allen Werken.
Es lebe Luther!

Sören Kierkegaard

Den Reichen in dieser Welt gebiete, dass sie nicht stolz seien, auch nicht hoffen auf den unsicheren Reichtum, sondern auf Gott, der uns alles reichlich darbietet, es zu genießen;
dass sie Gutes tun, reich werden an guten Werken, gerne geben, behilflich seien, sich selbst einen Schatz sammeln als guten Grund für die Zukunft, damit sie das wahre Leben ergreifen.

1. Timotheus 6,17-19

Juli

1. Juli

Gewissheit gibt allein die Mathematik. Aber leider streift sie nur den Oberrock der Dinge.
Wer je ein gründliches Erstaunen über die Welt empfunden hat, will mehr. Er philosophiert – und was er auch sagen mag, er glaubt.
Der Glaube ist so etwas wie Liebe; er beruht nicht auf Gründen, sondern auf Ursachen.
Deshalb ist mit dem Verstande nicht viel zu machen dabei, weder dafür noch dawider!

Wilhelm Busch

Es ist aber der Glaube eine feste Zuversicht auf das, was man hofft, und ein Nichtzweifeln an dem, was man nicht sieht.

Hebräer 11,1

2. Juli

Der majestätische, unwandelbare Gott – wer ist, der ihn fasste, wie er zu fassen?
Er ist immerfort auf den Lippen der Menschen. Aber wer ist, dessen Geist heranreicht an ihn? Wer kann sagen, wie Gott ist?
Wir reden von „drei Personen“, nicht weil wir damit der Wirklichkeit genügen könnten, sondern um nicht ganz verstummen zu müssen. „Stückwerk“ und „im Spiegel“ ist unser Reden von Gott.
Was Wunder, wenn du nicht begreifst? Wenn du nämlich begreifst, ist es nicht Gott!

Augustinus

Der Mensch, ein Leib, den deine Hand
so wunderbar bereitet,
der Mensch, ein Geist, den sein Verstand
dich zu erkennen leitet:
der Mensch, der Schöpfung Ruhm und Preis,
ist sich ein täglicher Beweis
von deiner Güt und Größe.

Christian Fürchtegott Gellert, EG 506,5

3. Juli

Sorge im Herzen bedrückt den Menschen;
aber ein freundliches Wort erfreut ihn.

Sprüche 12,25

Die Christen sollen ein fein tapfer Volk sein und doch freundlich, dass eine ernste Freundlichkeit und ein freundlicher Ernst sei, wie Christi Leben uns im Evangelium vorgebildet ist.

Martin Luther

Wie schwer haben wir es mit Menschen, denen eine lieblose Freundlichkeit auf das Gesicht gefroren ist. Aber wie wohltuend ist eine heitere Freundlichkeit im Umgang mit dem Nächsten, die sich von allem mürrischen Wesen freihält. Sie kommt von Herzen, ist liebenswürdig und überbrückt viele Gräben, die den Menschen vom Menschen trennen.

Ulrich Heidenreich

4. Juli

Einmal herrschte eine große Trockenheit in einem Gebiet südlich der Sahara. Das Steppengras kümmerte dahin, die Tiere fanden kein Wasser mehr, die Wüste war ständig im Vormarsch. Selbst dicke Bäume und an Dürre gewohnte Sträucher sahen ihrem Ende entgegen. Brunnen und Flüsse waren längst versiegt.
Nur eine einzige Blume überlebte die Trockenheit. Sie wuchs nahe einer winzigen Quelle. Doch auch die Quelle war dem Verzweifeln nahe: „Wozu mühe ich mich wegen dieser einzigen Blume, wo doch ringsum schon alles dürr ist?“
Da beugte sich ein alter Baum über die kleine Quelle und sagte, ehe er starb: „Liebe kleine Quelle, niemand erwartet von dir, dass du die ganze Wüste zum Grünen bringst. Deine Aufgabe ist es, einer einzigen Blume Leben zu spenden, mehr nicht.“

Märchen aus Südafrika

Sei tapfer und entschlossen! Lass dich durch nichts erschrecken und verliere nie den Mut; denn der Herr, dein Gott, ist mit dir in allem, was du tun wirst.

nach Josua 1,9

5. Juli

Von der Ehe

Lasst Raum zwischen euch.
Und lasst die Winde des Himmels
zwischen euch tanzen.
Liebt einander, aber macht die Liebe
nicht zur Fessel:
Lasst sie eher ein wogendes Meer
zwischen den Ufern eurer Seelen sein. [...]
Steht zusammen, doch nicht zu nah:
Denn die Säulen des Tempels stehen für sich,
und die Eiche und die Zypresse wachsen nicht
im Schatten der anderen.

Khalil Gibran

Lass unsre Liebe ohne Wanken,
die Treue lass beständig sein.
Halt uns in Worten und Gedanken
von Zorn, Betrug und Lüge rein.
Lass uns doch füreinander stehn,
gib Augen, andrer Last zu sehn.

Walter Heinecke, EG 240,2

6. Juli

Jesus ging durch ein Kornfeld am Sabbat; und seine Jünger waren hungrig und fingen an, Ähren auszuraufen und zu essen.
Als das die Pharisäer sahen, sprachen sie zu ihm: Siehe, deine Jünger tun, was am Sabbat nicht erlaubt ist. Er aber sagte: Der Menschensohn ist ein Herr über den Sabbat.

nach Matthäus 12,1-2+8

Wir haben es verlernt, unsere Gefühle zu offenbaren. Wir haben es gelernt, unsere Gefühle zu verstecken. Viele Empfindungen wurden durch die Erziehung gezähmt. Die gute Kinderstube verwies so manche unserer Reaktionen in Schranken.
In der Schule brachte man uns bei, möglichst nicht aufzufallen. Sie sprachen von Benehmen und meinten Anpassung.
Wir haben uns über Jahre hin daran gewöhnt:
Sein – wie alle.
Denken – wie alle.
Reagieren – wie alle.
Uns verhalten – wie alle.
Wählen – wie alle.
Nur nicht aus der Rolle fallen.

Peter Klever

7. Juli

Das große Unglück dieser Welt – der große Jammer dieser Zeit – ist nicht, dass es Gottlose gibt, sondern dass wir so mittelmäßige Christen sind.

Verfasser unbekannt

Dem Tagelöhner, der bedürftig und arm ist, sollst du seinen Lohn nicht vorenthalten, er sei von deinen Brüdern oder den Fremdlingen, die in deinem Land und in deinen Städten sind.

5. Mose 24,14

Wenn wir in Frieden beieinander wohnten,
Gebeugte stärkten und die Schwachen schonten,
dann würden wir den letzten heilgen Willen
des Herrn erfüllen.

Johann Andreas Cramer, EG 221,2

8. Juli

In einer Zeit der Teuerung sah Rabbi Mendel, dass die vielen Bedürftigen, die in seinem Haus zu Gast waren, kleinere Brote als sonst bekamen. Er ordnete an, man solle sie größer machen, als sie vorher waren; denn die Brote hätten dem Hunger und nicht dem Preise gerecht zu sein.

Martin Buber

Was ihr getan habt einem von diesen meinen geringsten Brüdern, das habt ihr mir getan.
Denn ich bin hungrig gewesen,
und ihr habt mir zu essen gegeben.
Ich bin durstig gewesen,
und ihr habt mir zu trinken gegeben.
Ich bin ein Fremder gewesen,
und ihr habt mich aufgenommen.
Ich bin nackt gewesen,
und ihr habt mich gekleidet.
Ich bin krank gewesen,
und ihr habt mich besucht.
Ich bin im Gefängnis gewesen,
und ihr seid zu mir gekommen.

nach Matthäus 25,40+35-36

9. Juli

Nicht das Beliebige, sondern das Rechte tun und wagen, / nicht im Möglichen schweben, das Wirkliche tapfer ergreifen, / nicht in der Flucht der Gedanken, allein in der Tat ist die Freiheit. /
Tritt aus ängstlichem Zögern heraus in den Sturm des Geschehens / nur von Gottes Gebot und deinem Glauben getragen, / und die Freiheit wird deinen Geist jauchzend umfangen.

Dietrich Bonhoeffer

Eines Tages kam der Rabbi von Krakau in das Zimmer, in dem sein Sohn im tiefen Gebet versunken war. In der Ecke stand die Wiege mit seinem weinenden Kind. Der Rabbi sagte zu seinem Sohn: „Hörst du nicht, dass das Kind weint?"
Der Sohn sagte: „Vater, ich war in Gott versunken."
Da sagte der Rabbi: „Wer in Gott versunken ist, sieht sogar die Fliege, die auf der Wand kriecht."

Nach einer Überlieferung

Ein Beispiel habe ich euch gegeben, damit ihr tut, wie ich euch getan habe.

Johannes 13,15

10. Juli

Was betrübst du dich, meine Seele, und bist so unruhig in mir? Harre auf Gott; denn ich werde ihm noch danken, dass er meines Angesichts Hilfe und mein Gott ist.

Psalm 42,6

Herr, segne dieses Chaos!
Segne dieses Montagshaus:
das Frühstücksgeschirr in der Spüle,
die Betten noch nicht gemacht,
die Reste vom Broterichten auf dem Tisch,
das Wohnzimmer unaufgeräumt.
Segne dies Chaos
und mich, wenn ich ihm nun zu Leibe rücke.
Ein Montagshaus
ist nicht so schlimm wie ein Montagsgehirn.
Das Haus hat Zeit.
Aber meine Gedanken müssen gereinigt werden.
Ich wünschte, das ginge mit Schrubber und Besen,
Geräten, mit denen ich umgehen kann.
Aber Denken ist schwer und unbequem.
Herr, segne diesen Tag!
Mit Schrubber und Besen kann ich hantieren.
Zur Reinigung meiner Gedanken
brauche ich deine Hilfe.
Amen.

Jo Carr/Imogene Sorley

11. Juli

„Wo sitzt“, so frug der Globus leise
und naseweis die weiße, weise,
unübersehbar weite Wand,
„wo sitzt bei uns wohl der Verstand?“
Die Wand besann sich eine Weile,
sprach dann: „Bei dir – im Hinterteile!“

Nun dreht seitdem der Globus leise
sich um und um herum im Kreise –
als wie am Bratenspieß ein Huhn,
und wie auch wir das schließlich tun –
dreht stetig sich und sucht derweil
sein Hinterteil, sein Hinterteil.

Joachim Ringelnatz

So ist Weisheit gut für deine Seele; wenn du sie findest, wird dir's am Ende wohl gehen, und deine Hoffnung wird nicht umsonst sein.

Sprüche 24,14

12. Juli

Tagsüber – darf er keine Schwächen zeigen.
Tagsüber – muss er sich korrekt verhalten.
Tagsüber – muss er gepanzert sein.
Tagsüber – darf er sich kein Gefühl erlauben.
Erst am Abend, im Kreis der Freunde,
hört man, wie ihm die Steine vom Herzen fallen.
Erst nach Mitternacht sagt er ganz leise:
„Wenn ich ehrlich bin."
Erst nach Mitternacht hat seine Seele Ausgang.

Martin Gutl

Es war aber ein Mensch unter den Pharisäern mit Namen Nikodemus, einer von den Oberen der Juden. Der kam zu Jesus bei der Nacht.

Johannes 3,1-2

13. Juli

Hier ist das Maß aller Dinge.
Moral ohne Christus ist Nonsens.
Die Geschichte beweist es: Nicht einmal der fadenscheinig anständige Mensch, die Moralität des Pharisäers, konnte gerettet werden.
Das Tier erhob sich im Menschen, und der Teufel nahm von seiner Seele Besitz.
Glaube ist Gehorsam, und ohne den Gehorsam des Glaubens existiert keine Ordnung.
Eine Generation, die Gott nicht unterworfen ist, bringt den KZ-Kommandanten und seine Menschenverbrennungsmaschinen hervor.

Carl Johann Perl

Den Reinen ist alles rein; den Unreinen aber und Ungläubigen ist nichts rein, sondern unrein ist beides, ihr Sinn und ihr Gewissen.
Sie sagen, sie kennen Gott, aber mit den Werken verleugnen sie ihn; ein Gräuel sind sie und gehorchen nicht und sind zu allem guten Werk untüchtig.

Titus 1,15-16

14. Juli

Ich meine immer, dass es für den Christen kein größeres Risiko gibt, als nichts riskieren zu wollen. Deshalb vielleicht hat die Kirche keine lebendigen Impulse mehr.
Liebe duldet kein Kalkül; sie stirbt daran.

Tullio Vinay

Wenn der weltliche Mensch überlegt, berechnet er seine Erfolgsaussichten. Gut!
Aber was bedeuten schon unsere Erfolgsaussichten, was bedeuten sie uns, die wir ein für allemal die furchterregende Anwesenheit des Göttlichen in jedem Augenblick unseres armen Lebens auf uns genommen haben? ...
Unsere Erfolgsaussichten berechnen, wozu? Man spielt nicht gegen Gott.

Georg Bernanos

15. Juli

Und ich sah alles Tun Gottes, dass ein Mensch das Tun nicht ergründen kann, das unter der Sonne geschieht. Und je mehr der Mensch sich müht, zu suchen, desto weniger findet er.

Prediger 8,17

Ich arbeitete einmal bei einem Gärtner. Er händigte mir eine Gartenschere aus und hieß mich einen Lorbeerbaum beschneiden. Der Baum stand in einem Topf und wurde zu Festlichkeiten ausgeliehen. Dazu musste er die Form einer Kugel haben.
Ich begann sogleich mit dem Abschneiden der wilden Triebe, aber wie sehr ich mich auch mühte, die Kugelform zu erreichen, es wollte mir lange nicht gelingen. Einmal hatte ich auf der einen, einmal auf der anderen Seite zu viel weggestutzt.
Als es endlich eine Kugel war, war die Kugel sehr klein. Der Gärtner sagte enttäuscht: „Gut, das ist eine Kugel, aber wo ist der Lorbeer?“

Bertolt Brecht

16. Juli

Sie müssten das werden, was zu sein sie vorgeben. Jeder Mensch lebt auf zwei Ebenen.
Auf der einen leistet man etwas, das von anderen gesehen und beurteilt wird. Da hat man Erfolg oder Misserfolg, da wird man getrieben von Ehrgeiz und Machtwillen und Besitzgier und Eigennutz und Eitelkeit, und man ist in Unruhe und verzettelt sich in lauter Betrieb.
Auf der anderen Ebene sieht einen ein anderes Auge, und man wird mit einem anderen Maßstab gemessen, der lässt nichts gelten als das, was ganz ohne Berechnung getan wird, ganz ohne Egoismus, aus keinem anderen Motiv als dem der Liebe und der Freude.

Luise Rinser

Wer erst nach Gottes Reiche tracht'
und bleibt auf seinen Wegen,
der wird von ihm gar reich gemacht
durch seinen milden Segen.
Da wird der Fromme froh und satt,
dass er von seiner Arbeit hat
auch Armen Brot zu geben.

Salomo Liscow, EG 494,3

17. Juli

Die Liebe sei ohne Falsch. Hasst das Böse, hängt dem Guten an. Lass dich nicht vom Bösen überwinden, sondern überwinde das Böse mit Gutem.

Römer 12,9+21

Es kommt nicht darauf an, ob die Sonne in eines Monarchen Staaten nicht untergeht, wie sich Spanien ehedem rühmte, sondern was sie während ihres Laufes in diesen Staaten zu sehen bekommt.

Georg Christoph Lichtenberg

O Herr, nimm unsre Schuld,
mit der wir uns belasten,
und führe selbst die Hand,
mit der wir nach dir tasten.

Wir kennen dein Gebot,
einander beizustehen,
und können oft nur uns
und unsre Nöte sehen.

Hans-Georg Lotz, EG 235,1+3

18. Juli

Rainer Maria Rilke ging in Paris regelmäßig über einen Platz, an dem eine Bettlerin saß, die um Geld bat. Ohne je aufzublicken, ohne ein Zeichen des Bittens oder Dankens zu äußern, saß die Frau immer am gleichen Ort. Rilke gab nie etwas. Seine französische Begleiterin fragte ihn darum eines Tages, warum er nichts gebe. Rilke antwortete: „Wir müssten ihrem Herzen schenken, nicht ihrer Hand." Wenige Tage später brachte er eine eben aufgeblühte weiße Rose mit, legte sie in die offene, abgezehrte Hand und wollte weitergehen. Da geschah das Unerwartete: Die Bettlerin blickte auf, sah den Geber an, erhob sich mühsam von der Erde, küsste die Hand des fremden Mannes und ging mit der Rose davon. Eine Woche lang war die Alte verschwunden. Nach acht Tagen saß sie plötzlich wieder wie früher an der gewohnten Stelle. Sie war stumm wie damals, wiederum nur ihre Bedürftigkeit zeigend durch die ausgestreckte Hand. „Aber wovon hat sie denn in all den Tagen gelebt?", fragte die Französin. Rilke antwortete: „Von der Rose."

Josef Bill

Wenn einer arm ist in irgendeiner Stadt in deinem Lande, so sollst du dein Herz nicht verhärten und deine Hand nicht zuhalten.

nach 5. Mose 15,7

19. Juli

Wir halten uns nie an die Gegenwart. Wir nehmen die Zukunft vorweg, als käme sie zu langsam, als wollten wir ihren Lauf beschleunigen; oder wir rufen die Vergangenheit zurück, um sie festzuhalten, als entschwände sie zu rasch. So unklug sind wir, dass wir in den Zeiten umherirren, die nicht unser sind, und nicht an die einzige denken, die uns gehört.

Blaise Pascal

Wer versteht schon zu leben? Vielleicht nur der, der die Verbindung zu Gott behalten hat und aus der Geborgenheit in seiner Hand weder die Vergangenheit verherrlicht noch sie beklagt, der die Zukunft nicht fürchtet oder sie zum Ort seiner Luftschlösser macht, sondern im Heute lebt.

Ulrich Heidenreich

Wer schneller sich will als andre sputen,
verfehlt nicht selten das Ziel:
Wisst, eine Uhr, die in fünfzig Minuten
die Stunde zurücklegt, taugt nicht viel.

Julius Stettenheim

20. Juli

Wir leben nicht als Christen, um unsere geistliche Fechtkunst zu zeigen. Wir sind auf Erfolg aus. Wir sind darauf aus, dass Zweifelnde aus ihrer Angst gerissen, Kranke geheilt, Gefangene frei, dem Leben Abgestorbene wieder lebendig werden und Menschen die Nähe Gottes erfahren.

Ulrich Heidenreich

Was er euch sagt, das tut!

Johannes 2,5

Ein guter Baum wartet nicht, bis andre Frucht tragen, um sich erst dann für nutzbringendes Wachstum zu entscheiden; er denkt nicht darüber nach, was er alles in Gang setzen muss, um ertragreich zu sein; er fragt nicht, wie die Ernteergebnisse anderswo sind, um Vergleiche anzustellen, sondern er gedeiht und bringt gute Früchte, weil das seiner Eigenart und Bestimmung entspricht.

Josef Butscher

21. Juli

Ich bin das Licht der Welt. Wer mir nachfolgt, der wird nicht wandeln in der Finsternis, sondern wird das Licht des Lebens haben.

Johannes 8,12

Trost

Bisweilen lässt das Leben mich verzagen
und schwer an mir und meinen Wegen tragen
in schrecklich öder Düsternis.
So ohne Liebesduft und Gottesstrahlen
wird jeder Tag zu hundert Herzensqualen
und aller Glaube ungewiss.

Doch immer blüht dem Gram ein lichtes Ende:
Ein Blick in meine liebsten Dichterbände,
ein Stern in meine Nacht herein,
ein Hauch Musik, ein Baum, ein Blumenlachen
kann mich schon wieder seltsam glücklich machen,
lässt Gottes Güte Sieger sein.

Detlev Block

22. Juli

Als ich in Jugendtagen
noch ohne Grübelei,
da meint ich mit Behagen,
mein Denken wäre frei.

Seitdem hab ich die Stirne
oft auf die Hand gestützt
und fand, dass im Gehirne
ein harter Knoten sitzt.

Mein Stolz, der wurde kleiner.
Ich merkte mit Verdruss:
Es kann doch unsereiner
nur denken, wie er muss.

Wilhelm Busch

Trachtet nicht nach hohen Dingen, sondern haltet euch herunter zu den geringen. Haltet euch nicht selbst für klug.

Römer 12,16

23. Juli

Durch den Glauben wurde Abraham gehorsam, als er berufen wurde, in ein Land zu ziehen, das er erben sollte; und er zog aus und wusste nicht, wo er hinkäme.

Hebräer 11,8

Wer Gott vertraut und sich ihm verantwortlich weiß, kann niemals stehen bleiben bei dem, was ist, sondern wird vorangehen zu dem, was sein soll – von der Ungerechtigkeit zur Wahrheit, von der Hartherzigkeit zur Liebe, von der Bequemlichkeit zur Hilfe. Wer aufgrund seines Glaubens in Bewegung gerät, handelt auf die Zukunft Gottes hin und rechnet mit den Möglichkeiten der Veränderung der Welt. Er wird Brücken bauen und nicht Zäune, dem ungeliebten Nachbarn neu begegnen, den Verstimmungen in der Familie nicht erliegen, den schwierigen Kollegen nicht fallen lassen, sondern einer gemeinsamen Zukunft eine Chance geben. Er rechnet mit der Möglichkeit des Unmöglichen.

Ulrich Heidenreich

Ich würde mich weigern, an einen Gott zu glauben, den ich verstehen könnte.

Graham Greene

24. Juli

Die aber Geld verdienen,
mögen zusehen,
dass nicht der Geiz sie regiere,
sondern lernen,
über sich zu wachen,
dass sie Geld und Gut
als Darlehen betrachten lernen,
das nicht ihnen,
sondern ihrem Herrn und Gott
und seinem Reich gehört.

Johann Hinrich Wichern

Wer dieser Erde Güter hat
und sieht die Brüder leiden
und macht die Hungrigen nicht satt,
lässt Nackende nicht kleiden,
der ist ein Feind der ersten Pflicht
und hat die Liebe Gottes nicht.

Christian Fürchtegott Gellert, EG 412,2

25. Juli

Rabbi Pinchas pflegte zu sagen: „Ich fürchte stets, ich könnte mehr klug als fromm sein." Und dann fügte er hinzu: „Fromm sein ist mir lieber als klug sein; aber lieber als fromm und klug sein ist mir gut sein."

Martin Buber

Wenn dich die Verzückung zu Gott emporgerissen hat und ein Kranker bittet dich um eine Tasse Fleischbrühe, dann steige du herab vom siebten Himmel und gib ihm, was er verlangt.

Georg Bernanos

Tu deinen Mund auf für die Stummen und für die Sache aller, die verlassen sind.

Sprüche 31,8

Mit frommem Warten allein
wird kein Unrecht verhindert, kein Kranker gesund,
kein Einsamer fröhlich.

Peter Weiss

26. Juli

Dem Toren ist die Torheit eine Freude; aber ein verständiger Mann bleibt auf dem rechten Wege.

Sprüche 15,21

Als an einer gefährlichen Küste im Nordwesten Kanadas ein neuer Leuchtturm gebaut wurde, fanden sich zwei Eskimos ein, die während der ganzen Zeit jeden Handgriff genau und kritisch beobachteten. Auch als der Leuchtturm schon in Betrieb war, standen sie noch immer interessiert dabei.

Dann kam eines Tages dichter Nebel auf.

Da wandte sich der eine Eskimo triumphierend an den anderen: „Siehst du, diese weißen Iglubauer können doch nichts“, rief er, „das Licht scheint, die Glocke schallt und das Horn dröhnt – aber der Nebel kommt trotzdem.“

Verfasser unbekannt

27. Juli

Der Mensch ist an drei Proben zu erkennen:
Erstlich: Erzürne ihn!
Zweitens: Berausche ihn!
Drittens: Teile mit ihm ein Erbe!
Wenn er in der letzten Probe nicht mankiert,
so ist er probat.

Johann Peter Hebel

Mein Kind, es sind allhier die Dinge,
gleichviel, ob große, ob geringe,
im Wesentlichen so verpackt,
dass man sie nicht wie Nüsse knackt.
Wie wolltest du dich unterwinden,
kurzweg die Menschen zu ergründen?
Du kennst sie nur von außenwärts.
Du siehst die Weste, nicht das Herz.

Wilhelm Busch

Wie der Tiegel das Silber und der Ofen das Gold, so prüft der Herr die Herzen.

Sprüche 17,3

28. Juli

Ist's euch zu wenig,
dass ihr Menschen müde macht?
Müsst ihr auch meinen Gott müde machen?

Jesaja 7,13

Den Nächsten klagen wir wegen Kleinigkeiten an, doch für uns selbst haben wir auch bei großen Dingen Entschuldigungen bereit.
Wir wollen mit hohem Gewinn verkaufen und drücken beim Einkauf die Preise. In den Häusern der anderen soll Gerechtigkeit, bei uns Barmherzigkeit regieren. Die anderen müssen etwas aushalten können, wir leisten uns Empfindlichkeit.
Einen Fehler kann ein Untergebener bei uns schwer wieder gutmachen; wenn uns hingegen jemand sympathisch ist, verzeihen wir ihm alles. Unsere Rechte setzen wir entschlossen durch, die anderen sollen etwas diskreter sein. Etwas für die anderen tun, halten wir für Heldentum, ihre Hilfe erscheint uns selbstverständlich.

Johannes Paul I.

29. Juli

Falsche Christen, die sich „evangelisch“ rühmen und doch keine gute Frucht bringen, sind wie Wolken ohne Regen. Sie überziehen den ganzen Himmel, machen ihn dunkel und finster, und doch fällt kein Regen aus ihnen, der die Erde fruchtbar macht. Genauso geben nun viele Christen mit großer Heiligkeit an: Aber da ist kein Glaube an Gott noch Liebe zum Nächsten.

Martin Luther

Ohne Glaubensleben gibt es kein Lieben aus dem Glauben. Darum muss das Erstere geweckt werden, damit es auch zu dem Letzteren komme.

Johann Hinrich Wichern

Der Glaub ist ein lebendge Kraft,
die an Gottes Verheißung haft',
ein herzlich starke Zuversicht,
die sich allein auf Christus richt'.

Der Glaub gebiert ein rechte Lieb
und Hoffnung durch des Geistes Trieb;
der Glaub wirkt Freudigkeit zu Gott,
bekennt und ruft ihn an in Not.

Petrus Herbert, 1566

30. Juli

Ich hatte geträumt,
dass ich eines Tages ein aktives,
ein starkes Leben führen würde,
ein Leben voller Bewegung,
mit unvorhergesehenen Ereignissen
und rauschenden Tagen.
Es war ein Traum. Aber trotzdem:
Es ist immer peinlich,
aus einem Traum zu erwachen.

Lucien Jerphagnon

Wir rühmen uns auch der Bedrängnisse, weil wir wissen, dass Bedrängnis Geduld bringt.

Römer 5,3

Zähl nicht die Siege,
sie verwehen wie Wind,
schon der kommende Tag
findet sie nicht mehr.
Deine Niederlagen lasten
wie Säcke, mit Steinen gefüllt.
Wie du die Niederlagen trägst,
entscheidet dein Leben.

Florian Seidel

31. Juli

Es war, als hätt der Himmel
die Erde still geküsst,
dass sie im Blütenschimmer
von ihm nun träumen müsst.

Die Luft ging durch die Felder,
die Ähren wogten sacht,
es rauschten leis die Wälder,
so sternklar war die Nacht.

Und meine Seele spannte
weit ihre Flügel aus,
flog durch die stillen Lande,
als flöge sie nach Haus.

Joseph Freiherr von Eichendorff

Ich will dir danken, Herr, unter den Völkern, ich will dir lobsingen unter den Leuten. Denn deine Gnade reicht, so weit der Himmel ist, und deine Treue, so weit die Wolken gehen.

Psalm 108,4-5

August

1. August

Ein Mensch ohne Lächeln sollte keinen Laden aufmachen.

Aus China

Wenn Christen nicht fröhlich sind, so beweisen sie damit, dass sie sich nicht wirklich als Kinder eines gnädigen Gottes fühlen. Sie geben der Welt ein schlechtes Bild von ihrem Glauben und ihrem Gott. Christsein ohne Freude verlockt nicht zur Nachfolge.

Ulrich Heidenreich

Wenn der Herr die Gefangenen Zions erlösen wird, so werden wir sein wie die Träumenden. Dann wird unser Mund voll Lachens und unsre Zunge voll Rühmens sein.

Psalm 126,1-2

2. August

Wer einen Menschen zurechtweist, wird zuletzt Dank haben, mehr als der da freundlich tut.

Sprüche 28,23

Es gibt eine Freundlichkeit, die unsere Herzen frieren lässt. Sie verstellt nur Gesicht und Stimme wie der Wolf im Märchen von den sieben Geißlein, aber sie lässt die herzliche Anteilnahme vermissen.
Von einer auf dem Gesicht gefrorenen Freundlichkeit hielt schon der Apostel Paulus nichts. Aber eine aus dem Geist der Liebe geborene Freundlichkeit gefiel ihm sehr, denn sie ist ein Schlüssel zum Herzen des Nächsten.

Ulrich Heidenreich

Hüte dich vor Menschen, denen ein gewinnender Ton Gewohnheit wurde.

Aus Japan

Wer seinem Nächsten schmeichelt, der spannt ihm ein Netz über den Weg.

Sprüche 29,5

3. August

Freundliche Rede lockt selbst eine Schlange aus ihrem Loch.

Arabisch

Es fällt uns oft so schwer,
mit Menschen auszukommen.
Die Fehler stören sehr,
und schnell hat Streit begonnen.
Doch wenn man Gottes Liebe kennt,
die man erfahren kann,
dann fällt es leicht, sie auszustreun
geduldig jedermann.

So oft vergessen wir,
dass viele Leute leiden,
weil wir sie nicht verstehn,
sie nur geduldet scheinen.
Doch wenn man Gottes Liebe kennt,
die er so oft beweist,
dann fällt ein gutes Wort so leicht,
das andre sehr erfreut.

H. und K. Heizmann, Kirchentagslieder 1981, Nr. 83,1-2

4. August

Fürchtet euch nicht, steht fest und seht zu, was für ein Heil der Herr heute an euch tun wird.

2. Mose 14,13

Ich weiß, mein Gott, dass all mein Tun
und Werk in deinem Willen ruhn,
von dir kommt Glück und Segen;
was du regierst, das geht und steht
auf rechten, guten Wegen.

Gib mir Verstand aus deiner Höh,
auf dass ich ja nicht ruh und steh
auf meinem eignen Willen;
sei du mein Freund und treuer Rat,
was recht ist, zu erfüllen.

Paul Gerhardt, EG 497,1+5

Was du heute auf morgen vertagst, ist morgen nicht mehr dasselbe.

Aus China

5. August

Gebt einem Christen nichts zu tun, so wird er entweder stets kränkliche Selbstprüfung halten oder er wird streitsüchtig werden und mit allen zanken, deren Meinungen den seinigen entgegengesetzt sind ... Trägheit ist Versuchung.
Einige unserer Gemeinden leiden durch ungesunde Lehren, aber sie leiden ebenso viel durch Mangel an Arbeit. Das Moos wächst auf ihnen, und der Rost verzehrt sie.
Das Gold wird trüb, das Silber verliert seinen Glanz und das alles, weil es nicht gebraucht wird.

Charles Haddon Spurgeon

Durch Faulheit sinken die Balken, und durch lässige Hände tropft es im Haus.

Prediger 10,18

6. August

Gott, der mir von Jugend an so viele Gnade erwiesen hat, der wird schon ein Plätzchen aussuchen, wo ich meine alten Tage ruhig und zufrieden beschließen kann. Ich freue mich des Lebens, ich suche keine Dornen, hasche die kleinen Freuden.
Sind die Türen niedrig, so bücke ich mich; kann ich den Stein aus dem Weg tun, so tu ich's; ist er zu schwer, so gehe ich um ihn herum, und so finde ich alle Tage etwas, das mich freut.
Und der Schlussstein, der Glaube an Gott, der macht mein Herz froh und mein Angesicht fröhlich.

Lebensregel der Mutter Goethes

Er kennt die rechten Freudenstunden,
er weiß wohl, wann es nützlich sei;
wenn er uns nur hat treu erfunden
und merket keine Heuchelei,
so kommt Gott, eh wir's uns versehn,
und lässet uns viel Guts geschehn.

Georg Neumark, EG 369,4

7. August

Ein Mensch weiß aus sich selbst nicht gleich,
Was heiß und kalt, was hart und weich.
Doch schon bei einiger Bejahrung
Hat er die nötige Erfahrung.
Er lernt dann oft mit Hilfe Dritter,
Dass Hoffnung süß, Enttäuschung bitter,
Dass Arbeit sauer, Alltag fade,
Kurz, des Geschmackes höhere Grade.
Doch wie schlechthin das Leben schmeckt,
Hat bis zum Tod er nicht entdeckt.

Eugen Roth

Wohl dem Menschen, der Weisheit erlangt, und dem Menschen, der Einsicht gewinnt! Denn es ist besser, sie zu erwerben, als Silber, und ihr Ertrag ist besser als Gold. Sie ist ein Baum des Lebens allen, die sie ergreifen, und glücklich sind, die sie festhalten.

Sprüche 3,13-14+18

8. August

Ein Rest Schulden, ein Rest Feuer und ein Rest Feindschaft wachsen unweigerlich. Drum dulde man keinen Rest.

Aus Indien

Der Herr teilet die Barmherzigkeit in drei Teile, damit wir wissen sollen, was doch Barmherzigkeit sei, die wir unserem Nächsten erzeigen sollen.
Zum Ersten, wir sollen nicht richten noch verdammen. Zum andern, du sollst deinem Nächsten vergeben, wenn er dir etwas getan hat. Zum Dritten, du sollst dem Bedürftigen zu Hilfe kommen.
Das bedeutet das Wort Barmherzigkeit, wenn es in der Schrift stehet. Und dies alles muss aus einem rechtschaffenen Herzen kommen und ohne Heuchelei und Falsch, ohne Ansehen der Person geschehen.
Denn wenn du denen Gutes gönnen wolltest, die dir Gutes gönnen, oder denen wohl tun, die dir wohl tun, oder die schädigen, die dich schädigen, das wäre ein großer Irrtum.

Martin Luther

9. August

Es gehört eine eigene Geisteswendung dazu, um das gestaltlose Wirkliche in seiner eigensten Art zu fassen und es von Hirngespinsten zu unterscheiden, die sich denn doch auch mit einer gewissen Wirklichkeit lebhaft aufdringen.

Johann Wolfgang von Goethe

Ich glaube, dass Gott aus allem, auch aus dem Bösesten, Gutes entstehen lassen kann und will. Dafür braucht er Menschen, die sich alle Dinge zum Besten dienen lassen. Ich glaube, dass Gott uns in jeder Notlage soviel Widerstandskraft geben will, wie wir brauchen. Aber er gibt sie nicht im Voraus, damit wir uns nicht auf uns selbst, sondern allein auf ihn verlassen. In solchem Glauben müsste alle Angst vor der Zukunft überwunden sein. Ich glaube, dass auch unsere Fehler und Irrtümer nicht vergeblich sind, und dass es Gott nicht schwerer ist, mit ihnen fertig zu werden, als mit unseren vermeintlichen Guttaten. Ich glaube, dass Gott kein zeitloses Fatum ist, sondern dass er auf aufrichtige Gebete und verantwortliche Taten wartet und antwortet.

Dietrich Bonhoeffer

10. August

Lieber Gott,
mein Nachbar fragt mich, ob es den Gottlosen nicht besser geht.
Wie du weißt, ist diese Frage schon alt. Aber ich gestehe dir, dass sie mich gar nicht interessiert.
Lass es den Gottlosen recht gut gehen, damit sie auch etwas vom Leben haben.
Erfolg und Misserfolg, Glück und Unglück sind keine Gradmesser für Sinn und Unsinn des Lebens.
Du teilst beides aus,
wer kann dir Ratschläge geben?
Du teilst beides aus, damit wir dich in beidem suchen und finden.
Wenn ich nur dich habe,
so frage ich nicht nach Himmel und Erde.
Amen.

Verfasser unbekannt

Wirke, soviel du willst, du stehest doch ewig allein da, bis an das All die Natur dich, die gewaltige, knüpft.

Friedrich Schiller

11. August

Zorn ist ein Zustand, in dem die Zunge schneller arbeitet als der Verstand.

Sprichwort

Reiße deinen Mund nicht auf, hüte deine Lippen! Was du in deinem Innern hast, sprich es nicht gleich aus! Wenn du jählings sprichst, möchtest du es vielleicht später zurücknehmen. Schweigen zu lernen, darauf solltest du deinen Sinn richten.

Aus dem Gilgamesch-Epos

So ist auch die Zunge ein kleines Glied und richtet große Dinge an.
Denn jede Art von Tieren und Vögeln und Schlangen und Seetieren wird gezähmt und ist gezähmt vom Menschen, aber die Zunge kann kein Mensch zähmen, das unruhige Übel, voll tödlichen Giftes.
Mit ihr loben wir den Herrn und Vater, und mit ihr fluchen wir den Menschen, die nach dem Bilde Gottes gemacht sind. Aus einem Munde kommt Loben und Fluchen. Das soll nicht so sein, liebe Brüder.

Jakobus 3,5+7-10

12. August

Ein hörendes Ohr und ein sehendes Auge,
die macht beide der Herr.

Sprüche 20,12

Herr, verzeih,
ich habe ein Selbstgespräch geführt
und nicht Zwiesprache gehalten.
Ich habe meine Gedanken aufgedrängt
und nicht ausgetauscht.
Weil ich nicht zugehört habe, habe ich
nichts erfahren.
Weil ich nicht zugehört habe, habe ich
nichts gegeben.
Weil ich nicht zugehört habe, habe ich
kein Band geknüpft.
Weil ich nicht zugehört habe.
Das ist es.

Michael Quoist

Unterbrich nicht einen, der sein Herz ausschüttet.

Altägyptischer Spruch

13. August

Die Selbstkritik hat viel für sich.
Gesetzt den Fall, ich tadle mich,
so hab ich erstens den Gewinn,
dass ich so hübsch bescheiden bin.
Zum Zweiten denken sich die Leut,
der Mann ist lauter Redlichkeit.
Auch schnapp ich drittens diesen Bissen
vorweg den andern Kritiküssen.
Und viertens hoff ich außerdem
auf Widerspruch, der mir genehm.
So kommt es denn zuletzt heraus,
dass ich ein ganz famoses Haus.

Wilhelm Busch

Du Heuchler, zieh zuerst den Balken aus deinem Auge; danach sieh zu, wie du den Splitter aus deines Bruders Auge ziehst.

Matthäus 7,5

14. August

Wie kannst du von dir sagen,
nein, schön bin ich nicht?
Stell dich vor einen Spiegel
und hör, was er spricht:
Du hast Augen, die nicht tot sind,
nicht von Stumpfheit bedroht sind.
Die vor Blendern nicht kneifen,
das Belangreiche begreifen
und den Rest glatt übersehn.
Du hast warme, wache Augen,
die verwirren, manchmal irren,
niemals einseitig betrachten
und, statt blindlings zu verachten,
auch mal liebevoll verstehn –
von solchen Augen wird man gern gesehn.

Verfasser unbekannt

Man liebt nicht nur etwas, weil es schön ist; es ist auch schön, weil man es liebt.

Robert Musil

15. August

Das ist der größte Triumph des Teufels, wenn er einem Knechte Gottes die Geistesfreude rauben kann. Der Teufel kann einem Knecht Christi gegenüber nichts ausrichten, wenn in diesem die heilige Fröhlichkeit des Geistes herrscht.
Ist jedoch einem weinerlich zumute und meint er, verlassen zu sein in seinem Kummer, so reibt ihn entweder die Traurigkeit auf, oder er wendet sich eitlen Vergnügen zu ...
Wenn ein Knecht Gottes, wie es vorkommen kann, in seinem Gemüt über etwas verwirrt würde, so muss er sich sogleich ins Gebet begeben.
Und so lange sollte er vor dem Antlitz des erhabenen Vaters verweilen, bis er wieder die vorige Freude hat, von der so viel für das Heil abhängt.
Denn wenn sich die Traurigkeit festsetzt, wächst das Übel; und sofern es sich nicht in Tränen löst, bleibt ein dauernder Schaden zurück.

Franz von Assisi

Die Frucht aber des Geistes ist Liebe, Freude, Friede, Geduld, Freundlichkeit, Güte, Treue, Sanftmut, Keuschheit.

Galater 5,22-23

16. August

Der Horizont unseres Lebens wird eng, wenn wir nur auf unsere eigenen Füße sehen.

Ulrich Heidenreich

In Gottes Namen fang ich an,
was mir zu tun gebühret;
mit Gott wird alles wohlgetan
und glücklich ausgeführet.
Was man in Gottes Namen tut,
ist allenthalben recht und gut
und kann uns auch gedeihen.

Regiere mich durch deinen Geist,
den Müßiggang zu meiden,
dass das, was du mich schaffen heißt,
gescheh mit lauter Freuden;
auch, dass ich dir mit aller Treu
auf dein Gebot gehorsam sei
und meinen Nächsten liebe.

Salomo Liscow, EG 494,1+5

Selbst ein Weg von tausend Meilen beginnt mit einem Schritt.

Aus Japan

17. August

Zucht bewahren ist der Weg zum Leben; wer aber Zurechtweisung nicht achtet, geht in die Irre.

Sprüche 10,17

Dschuba wollte einen seiner Diener zu einer weit entfernten Ortschaft schicken, um etwas für ihn zu erledigen. Der Diener kannte aber den Weg nicht gut. „Ich fürchte“, meinte er, „ich werde mich verirren.“ „Solltest du dich verirren“, sagte Dschuba, „so eile zu mir zurück, und ich zeige dir den richtigen Weg.“

Altarabische Eselei

Steh uns stets bei mit deinem Rat
und führ uns selbst auf rechtem Pfad,
die wir den Weg nicht wissen.

Michael Schirmer, aus EG 130,3

18. August

Als ein Unbekannter und Namenloser kommt er zu uns, wie er am Gestade des Sees an jene Männer, die nicht wussten, wer er war, herantrat.
Er sagt dasselbe Wort: Du aber folge mir nach! und stellt uns vor die Aufgaben, die er in unserer Zeit lösen muss.
Er gebietet. Und denjenigen, welche ihm gehorchen, Weisen und Unweisen, wird er sich offenbaren in dem, was sie in seiner Gemeinschaft an Frieden, Wirken, Kämpfen und Leiden erleben dürfen, und als ein unaussprechliches Geheimnis werden sie erfahren, wer er ist ...

Albert Schweitzer

Herr, wohin sollen wir gehen? Du hast Worte des ewigen Lebens; und wir haben geglaubt und erkannt: Du bist der Heilige Gottes.

Johannes 6,68-69

19. August

Es ist dem Menschen beigegeben
Ein kleines Stück von einem großen Leben
Das sich vollzieht
Ohn Unterschied
Ob Bettler oder hohes Tier
Von einer Handvoll Erde sind wir alle hier
Bis Gras wächst über dieses Lied.

Wollt darum freundlich sein und Euch mit Heiterkeit
Versehn,
Es hat der Mensch zu kommen und zu gehn
Dieses ist ausgemacht von Anfang an
Mit Hochmut ist nicht viel getan.

Es ist dem Menschen aufgegeben
Mit Güte Gutes zu erstreben
Ohn Unterlass
Auch soll er das
Was nötig ist zum Leben mit allen teilen
Und aller Kreatur zu Hilfe eilen
Bis Blumen wachsen aus dem Gras.

20. August

Wollt gnädig sein und nicht mit Hohn verachten
Die nichts auf dieser Welt zustande brachten
Wenn es bestimmt, dass wir gen Himmel reisen,
Dann ist mit Reichtum nichts mehr zu beweisen.

Es wird dem Menschen nachgegeben
Wenn er bereut
Und ändert sein bisheriges Leben
Der Tanz ist tot
Der Mensch kehrt heim zu Tisch und Brot,
Der Rausch verfliegt
Die Demut siegt
Die Masken sind gefallen –
Doch größer wär des Menschen Not
Wär nicht ein Gott, der milde mit uns allen.

Hanns Dieter Hüsch

Wem ich gnädig bin, dem bin ich gnädig, und wessen ich mich erbarme, dessen erbarme ich mich.

2. Mose 33,19

21. August

Ein Schüler fragte den Baalschem:
„Wie geht das zu, dass einer, der an Gott hängt und sich ihm nah weiß, zuweilen eine Unterbrechung und eine Entfernung erfährt?“
Der Baalschem erklärte:
„Wenn ein Vater seinen kleinen Sohn will gehen lehren, stellt er ihn erst vor sich hin und hält die eignen Hände zu beiden Seiten ihm nah, dass er nicht falle, und so geht der Knabe zwischen den Vaterhänden auf den Vater zu. Sowie er aber zum Vater herankommt, rückt der um ein weniges ab und hält die Hände weiter auseinander, und so fort, dass das Kind gehen lerne.“

Martin Buber

Furcht ist nicht in der Liebe, sondern die vollkommene Liebe treibt die Furcht aus.

1. Johannes 4,18

22. August

Des Gerechten Gebet vermag viel, wenn es ernstlich ist.

Jakobus 5,16

Sie sprachen vom Gebet. „Ich habe wirklich keine Zeit dazu. Die Arbeit brennt mir zu sehr auf den Nägeln."
Sie kamen an einer Wiese vorbei, da wurde gemäht. Am Himmel hingen schwere Gewitterwolken. „Die müssen sich ranhalten", meinte der Mann, der so wenig Zeit hatte, „sonst verregnet die ganze Ernte." Da hielten die Schnitter im Schneiden ein und dengelten die Sensen.
„Kann man das für möglich halten – die Arbeit drängt und sie bleiben stehen und streichen die Sensen!" Der andere lachte: „Was sie beim Dengeln an Zeit verlieren, das holen sie beim Schneiden mit der geschärften Sense leicht wieder ein."
„Aber gleicht nicht das Gebet dem Dengeln der Sensen? Die Zeit, die du beim Beten verlierst, lässt deine Arbeit doppelt gesegnet sein."

Verfasser unbekannt

23. August

Abrams Mühen und Trachten war von einer gerade ihm eigentümlichen Vorstellung bestimmt und getrieben gewesen: der Vorstellung, dass es höchst wichtig sei, wem oder welchem Dinge der Mensch diene ...

Um es vor Gott und Menschen zu irgendwelcher Ansehnlichkeit und Bedeutung zu bringen, war es nötig, dass man die Dinge – oder wenigstens ein Ding – wichtig nahm.

Urvater hatte die Frage unbedingt wichtig genommen, wem der Mensch dienen solle, und seine merkwürdige Antwort darauf war gewesen: Dem Höchsten allein ...

Damit fing alles an.

Thomas Mann

Du sollst anbeten den Herrn, deinen Gott, und ihm allein dienen.

Matthäus 4,10

24. August

Mach sichtbar, Unsichtbarer,
am Beispiel Jesu Christ,
was unsere Bestimmung
nach deinem Willen ist.

Wir bleiben nicht dieselben,
wenn uns dein Wort erreicht.
Vertrauen wächst und Freiheit,
und Angst und Fessel weicht.

Gib uns im Leben Liebe
nach deiner Liebe Art.
Gib uns im Sterben Hoffnung,
die für dein Reich bewahrt.

Gib beides aus dem Glauben
an dich und dein Gebot.
So können wir bestehen
im Leben und im Tod.

Detlev Block

Die Kirche war ohnmächtig geworden, weil sie das Wort Gottes nicht bewahrt. Lässt sie Christum, so verlässt sie auch die Armen ... die Kirche wird von da an unter den Armen und die Armen werden in der Kirche vergessen.

Johann Hinrich Wichern

25. August

Das ist der Gastfreundschaft tiefster Sinn,
dass einer dem anderen Rast gebe
auf dem Weg nach dem ewigen Zuhause.

Romano Guardini

Es ist halt schön,
wenn wir die Freunde kommen sehn.
Schön ist es ferner, wenn sie bleiben
und sich mit uns die Zeit vertreiben.
Doch wenn sie schließlich wieder gehn,
ist's auch ganz schön.

Wilhelm Busch

Seid gastfrei untereinander ohne Murren.

1. Petrus 4,9

26. August

Seht zu, dass keiner dem andern Böses mit Bösem vergelte, sondern jagt allezeit dem Guten nach untereinander und gegen jedermann.

1. Thessalonicher 5,15

Zwei Weise hatten viele Jahre miteinander gelebt und nie hatte es zwischen ihnen einen Streit gegeben. Zu guter Letzt sagte der eine zum andern: „Einmal wollen wir doch versuchen, uns genauso wie alle anderen zu streiten."
Der andere entgegnete: „Aber wie geht das vor sich?" Darauf der eine: „Schau, hier lege ich einen Ziegelstein zwischen uns und ich sage: Er gehört mir. Nein, mir gehört er, sagst du. Und dann geht der Streit los."
Also legten sie einen Ziegelstein zwischen sich und der eine sagte: „Er gehört mir." Der andere darauf: „Nein, mir gehört er." Darauf der eine: „Tatsächlich, so ist es. Also nimm ihn. Ich brauche ihn nicht."
Und außerstande, miteinander in Streit zu geraten, entfernten sie sich.

Mönchsväter im 4. Jh.

27. August

Der Herr ist der Geist;
wo aber der Geist des Herrn ist, da ist Freiheit.

2. Korinther 3,17

Ein Schaf entdeckte auf der Weide ein Loch im Zaun und zwängte sich hindurch. Es freute sich über die Freiheit und lief weit weg, bis es sich verlaufen hatte. Bald merkte es, dass es von einem Wolf verfolgt wurde. Es lief und lief, aber der Wolf blieb hinter ihm. Bis der Hirte kam und das Schaf rettete. Er trug es behutsam zurück zur Herde. Und obwohl jeder ihn drängte, weigerte er sich doch, das Loch im Zaun zuzumachen.

Parabel

Gott hält uns, aber er fesselt uns nicht.

Ulrich Heidenreich

28. August

Du feuchtest die Berge von oben her, du machst das Land voll Früchte, die du schaffest.
Du lässest Gras wachsen für das Vieh und Saat zu Nutz den Menschen, dass du Brot aus der Erde hervorbringst.

Psalm 104,13-14

Wenn wir um das tägliche Brot bitten, meinen wir alles, was wir zum Leben brauchen: Wir meinen Essen und Trinken; wir meinen die warme Wohnung, den Arbeitsplatz und Menschen, die uns anerkennen; denn tägliches Brot, von dem wir leben, ist oft auch das Wort eines Menschen.
Neben Nahrung, Kleidung und Unterkunft brauchen wir uns bergende Menschen in Familie, Freundschaft und Nachbarschaft. Wir sind abhängig davon, dass die Regierenden das Wohl des Landes und der Erde höher achten als den eigenen Machterhalt, und wir haben eine heile und saubere Umwelt genauso nötig wie Frieden, Gesundheit und Anerkennung.
Um dies alles bitten wir, wenn wir sprechen: Unser tägliches Brot gib uns heute.

Ulrich Heidenreich

29. August

Wenn du in deiner Mitte niemand unterjochst und nicht mit Fingern zeigst und nicht übel redest, sondern den Hungrigen dein Herz finden lässt und den Elenden sättigst, dann wird dein Licht in der Finsternis aufgehen, und dein Dunkel wird sein wie der Mittag. Und der Herr wird dich immerdar führen.

Jesaja 58,9-11

Immer noch warten sie darauf,
ein Mittel zu finden, das Unsterblichkeit verleiht.
Immer noch warten sie darauf,
stärkere Waffen zu erfinden.
Immer noch warten sie darauf,
mehr zu produzieren, um mehr Geld zu bekommen.
Immer noch ... immer noch ... immer noch ...
Immer noch warten wir darauf,
dass ein Mittel erfunden wird,
dass den Menschen zum Menschen macht.
Alle Revolutionen haben bisher
nur eines bewiesen,
nämlich, dass sich vieles ändern lässt,
bloß nicht die Menschen.

Karl Marx

30. August

Das sollt ihr, Jesu Jünger, nie vergessen:
wir sind, die wir von einem Brote essen,
aus einem Kelche trinken, Jesu Glieder,
Schwestern und Brüder.

Ach dazu müsse deine Lieb uns dringen!
Du wollest, Herr, dies große Werk vollbringen,
dass unter einem Hirten eine Herde
aus allen werde.

Johann Andreas Cramer, EG 221,1+3

Oben und Unten sind aneinander gebunden. Wer mit den Menschen reden will, ohne mit Gott zu reden, dessen Wort vollendet sich nicht; aber wer mit Gott reden will, ohne mit den Menschen zu reden, dessen Wort geht in die Irre.

Verfasser unbekannt

Es ist dir gesagt, Mensch, was gut ist und was der Herr von dir fordert, nämlich Gottes Wort halten und Liebe üben und demütig sein vor deinem Gott.

Micha 6,8

31. August

Ein erfahrener Mann wurde einmal gefragt, warum er trotz seiner vielen Beschäftigungen immer so gesammelt sein könne. Er sagte:
Wenn ich stehe, dann stehe ich,
wenn ich gehe, dann gehe ich,
wenn ich sitze, dann sitze ich,
wenn ich esse, dann esse ich,
wenn ich spreche, dann spreche ich.
Da fielen ihm die Fragesteller ins Wort und sagten:
Das tun wir auch.
Er aber sagte zu ihnen: Nein, denn
wenn ihr sitzt, dann steht ihr schon,
wenn ihr steht, dann lauft ihr schon,
wenn ihr lauft, dann seid ihr schon am Ziel.

Östliche Weisheit

Siehe, ich habe dir heute vorgelegt das Leben und das Gute, den Tod und das Böse.

5. Mose 30,15

September

1. September

Ich mach ein Lied aus Stille
und aus Septemberlicht.
Das Schweigen einer Grille
geht ein in mein Gedicht.
Der See und die Libelle,
das Vogelbeerenrot.
Die Arbeit einer Quelle,
der Herbstgeruch von Brot.
Der Bäume Tod und Träne,
der schwarze Rabenschrei.
Der Orgelflug der Schwäne,
was es auch immer sei,
das über uns die Räume
aufreißt und riesig macht
und fällt in unsre Träume
in einer finstren Nacht.
Ich mach ein Lied aus Stille,
ich mach ein Lied aus Licht.
So geh ich in den Winter.
Und so vergeh ich nicht.

Eva Strittmatter

Jauchzet Gott, alle Lande! Lobsinget zur Ehre seines Namens; rühmet ihn herrlich! Sprecht zu Gott: Wie wunderbar sind deine Werke!

Psalm 66,1-3

2. September

Ein Weiser mit Namen Choni ging einmal über Land und sah einen Mann, der einen Johannisbrotbaum pflanzte. Er blieb stehen und sah ihm zu und fragte: „Wann wird das Bäumchen Früchte tragen?“ Der Mann erwiderte: „In siebzig Jahren.“ Da sprach der Weise: „Du Tor! Denkst du in siebzig Jahren noch zu leben und die Früchte deiner Arbeit zu genießen? Pflanze lieber einen Baum, der früher Früchte trägt, dass du dich ihrer erfreust in deinem Leben.“
Der Mann aber hatte sein Werk vollendet und sah freudig darauf, und er antwortete: „Rabbi, als ich zur Welt kam, da fand ich Johannisbrotbäume und aß von ihnen, ohne dass ich sie gepflanzt hatte, denn das hatten meine Väter getan. Habe ich nun genossen, wo ich nicht gearbeitet habe, so will ich einen Baum pflanzen für meine Kinder oder Enkel, dass sie davon genießen.“

Nach einer Überlieferung

Der immer nur von heute auf morgen Lebende verbringt ein Tröpfeldasein.

Aus Japan

3. September

Es ist unmöglich, die Fackel der Wahrheit durchs Gedränge zu tragen, ohne jemandem den Bart zu versengen.

Georg Christoph Lichtenberg

Schüttle den Staub der Allgemeinplätze
aus deinen Kleidern,
kämme den Flitter billigen Beifalls
dir aus dem Haar,
reinige dein Gesicht von der Schminke
glatter Verbindlichkeit.
Höre nicht auf das Gelächter des Spotts –
nicht auf das Klingeln der Münzen –
steig ein in die Barke der Wahrheit
und steuere gegen den Strom.

Gretl Zottmann

4. September

Ich träume davon, dass eines Tages der Krieg ein Ende nehmen wird, dass die Männer ihre Schwerter zu Pflugscharen und ihre Spieße zu Sicheln machen, dass kein Volk wider das andere ein Schwert aufheben und nicht mehr kriegen lernen wird.
Ich träume auch heute noch davon, dass eines Tages das Lamm und der Löwe sich miteinander niederlegen werden und ein jeglicher unter seinem Weinstock und Feigenbaum wohnen wird ohne Scheu.
Ich träume auch heute noch davon, dass eines Tages alle Täler erhöht und alle Berge und Hügel erniedrigt werden, und was ungleich ist, eben, und was höckerig ist, schlicht, und dass die Herrlichkeit des Herrn offenbart werden und alles Fleisch miteinander es sehen wird.
Ich träume noch immer davon, dass wir mit diesem Glauben imstande sein werden, den Rat der Hoffnungslosigkeit zu vertagen und neues Licht in die Dunkelkammern des Pessimismus zu bringen. Mit diesem Glauben wird es uns gelingen, den Tag schneller herbeizuführen, an dem Frieden auf Erden ist. Es wird ein ruhmvoller Tag sein, die Morgensterne werden miteinander singen und alle Kinder Gottes vor Freude jauchzen.

Martin Luther King

5. September

Am Abend des Lebens lieben wir nur noch die Stille.

Wang Wei

O Herr, Gebieter über alles Leben,
schon lange fühle ich: mein Herbst brach an
So wollest du Septembersonne geben,
dass an der Süße ausgereifter Reben
ich mich noch einmal reich erquicken kann.

O Herr, sieh mild auf meine müden Hände,
sie werkten viel und ruh'n nun oft im Schoß.
Doch wenn ich nächstens dir Gebete sende,
ertasten die im Dunkel schon das Ende –
und einmal lassen sie es nicht mehr los.

O Herr, die Blätter sinken aus den Höhen.
Auch ich bin solch ein Blatt, das fallen will.
Noch einmal darf ich deine Schönheit sehen;
nun sende deinen Wind, mich loszuwehen,
denn erst in dir wird alle Sehnsucht still.

Wilhelm Kraemer

6. September

Wie wir an einem Leib viele Glieder haben, aber nicht alle Glieder dieselbe Aufgabe haben, so sind wir viele ein Leib in Christus, aber untereinander ist einer des andern Glied.

Römer 12,4-5

In der Vielfalt von Formen und Farben hast du, o Gott, die Welt und uns Menschen geschaffen.
In der Vielfalt des Fühlens und Denkens bekennen wir uns alle, o Gott, als deine Geschöpfe.
Wehre dem Bösen, das diese Vielfalt mutwillig zertritt und eigenmächtig deine Schöpfung verkehrt.
Lass uns einig sein, doch nicht im Schema des Einerleis von Uniform und gleichem Schritt und Tritt.
Stärke unsere Absicht, mit der Vielfalt der Gaben einander zu dienen, wie dein Beispiel, Herr Christ, es uns lehrt.

Knut Wenzel Backe

7. September

Ums Paradies ging eine Mauer,
hübsch hoch, vom besten Marmelstein.
Der Kain als ein Bub, ein schlauer,
denkt sich: Ich komme doch hinein.
Er stieg hinauf zu diesem Zwecke
an einer Leiter, mäuschenstumm;
da schlich der Teufel um die Ecke
und stieß ihn samt der Leiter um.
Der Vater Adam, der's gesehen,
sprach, während er ihn liegen ließ:
Du Schlingel, dir ist recht geschehen.
So kommt man nicht ins Paradies.

Wilhelm Busch

Es sei denn, dass jemand geboren werde aus Wasser und Geist, so kann er nicht in das Reich Gottes kommen.

Johannes 3,5

8. September

Freunde sind Menschen, für die man immer zu Hause ist. Ohne Freunde wäre ich aufgeschmissen.

Peter Ustinov

Für ein gelingendes Leben sind Menschen an unserer Seite wichtig, die uns zugewandt sind in Liebe und Distanz. Unter den vielen, denen wir täglich begegnen, brauchen wir Freunde, die Zeit für uns haben, wenn wir reden möchten, und die mit uns schweigen, um uns besser zu verstehen.
Doch nur langsam flicht man das Netz der Freundschaft, nur langsam wächst Vertrauen und Hoffnung, und erst wenn wir einander zu verstehen beginnen, wenn die Bedingungen für unsere Zuneigung ihre Bedeutung verlieren, sind wir bei Freunden zu Hause.

Ulrich Heidenreich

Es gibt Allernächste, die bringen ins Verderben,
und es gibt Freunde,
die hangen fester an als ein Bruder.

Sprüche 18,24

9. September

Verbringe nicht die Zeit mit der Suche nach einem Hindernis, vielleicht ist keines da.

Franz Kafka

Als die Arbeitsgruppe sich an die Arbeit machte, um ein Arbeitspapier zur Bewältigung eines Problems zu erarbeiten, stellte Herr ZETT unvermittelt die Frage: Was wird passieren, wenn wir das Papier nicht machen? Auf Anhieb wusste keiner eine plausible Antwort. Da sagte Herr ZETT: Spielen wir lieber Domino!

Kurtmartin Magiera

Zukunftsforschung ist die Kunst, sich zu kratzen, bevor es einen juckt.

Peter Sellers

Des Weisen Herz weiß um Zeit und Gericht. Denn jedes Vorhaben hat seine Zeit und sein Gericht.

Prediger 8,5-6

10. September

Herr: es ist Zeit. Der Sommer war sehr groß.
Leg deinen Schatten auf die Sonnenuhren,
und auf den Fluren lass die Winde los.

Befiehl den letzten Früchten voll zu sein;
gib ihnen noch zwei südlichere Tage,
dräng sie zur Vollendung hin und jage
die letzte Süße in den schweren Wein.

Wer jetzt kein Haus hat, baut sich keines mehr.
Wer jetzt allein ist, wird es lange bleiben,
wird wachen, lesen, lange Briefe schreiben
und wird in den Alleen hin und her
unruhig wandern, wenn die Blätter treiben.

Rainer Maria Rilke

Nach dir, Herr, verlanget mich. Mein Gott, ich hoffe auf dich. Wende dich zu mir und sei mir gnädig; denn ich bin einsam und elend.

Psalm 25,1-2+16

11. September

Auf Hoffnung hin sind wir gerettet. Eine Hoffnung aber, die man sieht, ist keine Hoffnung; denn wie kann man auf das hoffen, was man sieht? Wenn wir aber auf das hoffen, was wir nicht sehen, so warten wir darauf mit Geduld.

nach Römer 8,24-25

Uns wird das ewige Leben verheißen, aber uns, den Toten. Man verkündigt uns selige Auferstehung. Inzwischen sind wir von Verwesung umgeben. Gerecht werden wir genannt, und doch wohnt in uns die Sünde. Wir hoffen auf unaussprechliche Seligkeit, inzwischen aber werden wir hier von unendlichem Leid erdrückt. Überfluss an allen Gütern wird uns verheißen, reich sind wir aber nur an Hunger und Durst. Was würde aus uns, wenn wir uns nicht auf die Hoffnung stemmten und unser Sinn auf dem durch Gottes Wort und Geist erleuchteten Weg mitten durch die Finsternis hindurch über diese Welt hinauseilte?

Johannes Calvin

12. September

Hoffnung ist für das Leben wie Sauerstoff für die Lunge. Wer keine Hoffnung hat, erstickt an der Gegenwart. Hoffnung verändert die Welt.

Paul Roth

Irgendeine Hoffnung braucht der Mensch, wenn er ein Leben führen will, das diesen Namen verdient. Die Hoffnung auf Genesung, auf eine Wendung zum Guten, auf irgendein Glück, das in der Zukunft verborgen liegt. Diese Hoffnung aber wird immer wieder vom Zweifel angegriffen. Dann fragt sich der Mensch: Laufe ich nicht hinter einer Illusion her, wenn ich mein Herz an eine Hoffnung hänge?
Und doch: Es ist die Hoffnung, die den Schiffbrüchigen mitten im Meer veranlasst, sich über Wasser zu halten, obwohl kein Land in Sicht ist.

Ulrich Heidenreich

Klage nicht, mein Herz, vertrau,
einmal wird sich alles wenden.
Einer hält, wie alle Welt,
so auch mich in seinen Händen.

Verfasser unbekannt

13. September

Großer Gott,
gefällt es dir im Gottesdienst?
Langweilen dich auch die Gebete?
Freust du dich über die antiken Lieder?

Wenn alle Gottesdienste so langweilig sind,
warum tust du dir das an?
Weil du dich trotz der vielen Worte
über jeden freust, der kommt?
Weil du trotz der alten Lieder
den Menschen siehst, der sie singt?
Weil du uns liebst?
Freut es dich, wenn ich auch komme?

Ingeborg Kistner

Ich will deinen Namen kundtun meinen Brüdern, ich will dich in der Gemeinde rühmen. Dich will ich preisen in der großen Gemeinde, ich will mein Gelübde erfüllen vor denen, die dich fürchten.

nach Psalm 22,23+26

14. September

Zwei Arztjungen unterhalten sich über die Kirche. Fragt der eine: „Wohnt denn Gott in der Kirche?“ Darauf der andere: „Nein, Gott wohnt im Himmel.“ Die Rückfrage: „Wozu ist denn dann die Kirche da?“ Nach intensivem Nachdenken kommt dem anderen ein Gedankenblitz: „Die Kirche, die ist seine Praxis.“

Verfasser unbekannt

Irdische Tempel braucht Gott nicht,
Dome, die Meister erbauen,
Schatten sind sie vor seinem Licht,
welches kein Auge kann schauen.
Aber er selbst baut sich ein Haus,
wählt sich zur Wohnung Seelen aus,
die seinem Rufe gehorchen.

Otto Riethmüller

15. September

Herr, höre, Herr, erhöre,
breit deines Namens Ehre
an allen Orten aus;
behüte alle Stände
durch deiner Allmacht Hände,
schütz Kirche, Obrigkeit und Haus.

Benjamin Schmolck, EG 423,1

Rabbi Titkin betet sich in große Aufregung hinein. Immer lauter werden seine Rufe, immer wilder beginnt er zu gestikulieren. Sein Nachbar am Gebetpult klopft ihm beschwichtigend auf die Schulter. „Schrei nicht so mit Gott. Glaub mir, in Güte wirst du bei ihm mehr ausrichten."

Nach einer Überlieferung

Kommt, lasst uns anbeten und knien und niederfallen vor dem Herrn, der uns gemacht hat.

Psalm 95,6

16. September

Ich träume eine Kirche,
in der kein Mensch mehr lügt,
in der kein Mensch den andern
in falsche Hoffnung wiegt.

Ich träume eine Kirche,
die wahr ist und gerecht,
wir alle sind nur Freie
und niemand Herr und Knecht.

Ich träume eine Kirche,
die jedem Feind vergibt.
Verletztes wird verbunden,
der Fremde wird geliebt.

Ich träume eine Kirche,
die teilt und sich verschenkt,
die wenig an sich selber
und mehr an andre denkt.

Dieter Stork

17. September

An ihren Früchten sollt ihr sie erkennen. Kann man denn Trauben lesen von den Dornen oder Feigen von den Disteln?

Matthäus 7,16

Gott
wir möchten bäume sein
die nicht bloß blätter tragen und blüten
je nach der jahreszeit der mode
wir möchten auch früchte tragen
die jeder pflücken kann
der auf uns zukommt und hunger hat.

Wilhelm Willms (Auszug)

Mach in mir deinem Geiste Raum,
dass ich dir werd ein guter Baum,
und lass mich Wurzel treiben.
Verleihe, dass zu deinem Ruhm
ich deines Gartens schöne Blum
und Pflanze möge bleiben.

Paul Gerhardt, EG 503,14

18. September

Ich will dir einigen Rat geben und dir sagen, was ich gefunden habe und was die Zeit mich gelehrt hat: Es ist nichts groß, was nicht gut ist; und ist nichts wahr, was nicht bestehet. Der Mensch ist hier nicht zu Hause, und er geht hier nicht von ungefähr in dem schlichten Rock umher.
Denn siehe nur, alle andren Dinge hier, mit und neben ihm, sind und gehen dahin, ohne es zu wissen; der Mensch ist sich bewusst, und wie eine hohe bleibende Wand, an der die Schatten vorübergehen. Alle Dinge mit und neben ihm gehen dahin, einer fremden Willkür und Macht unterworfen, er ist sich selbst anvertraut und trägt sein Leben in seiner Hand. Und es ist nicht für ihn gleichgültig, ob er rechts oder links gehe.
Lass dir nicht weismachen, dass er sich raten könne und selbst seinen Weg wisse. Diese Welt ist für ihn zu wenig, und die unsichtbare siehet er nicht und kennet sie nicht.
Spare dir denn vergebliche Mühe, und tue dir kein Leid, und besinne dich dein.

Matthias Claudius, an seinen Sohn Johannes

Lehre uns bedenken, dass wir sterben müssen, auf dass wir klug werden.

Psalm 90,12

19. September

Keine Zukunft vermag gutzumachen, was du in der Gegenwart versäumst.

Albert Schweitzer

Halte dich zu gut, Böses zu tun. Sei rechtschaffen gegen jedermann, doch vertraue dich schwerlich. Mische dich nicht in fremde Dinge, aber die deinigen tue mit Fleiß.
Schmeichle niemand und lass dir nicht schmeicheln. Ehre einen jeden nach seinem Stande und lass ihn sich schämen, wenn er's nicht verdient. Wolle nicht immer großmütig sein, aber gerecht sei immer.
Mache niemand graue Haare, doch wenn du Recht hast, hast du um die Haare nicht zu sorgen.
Sage nicht alles, was du weißt, aber wisse immer, was du sagst. Tue, was des Lohnes wert ist, und begehre keinen. Wenn du Not hast, so klage sie dir und keinem andern.
Habe immer etwas Gutes im Sinn.

Matthias Claudius, an seinen Sohn Johannes

20. September

Die meisten Menschen sind nicht darauf bedacht, sich zu ändern, sondern nur zu beweisen, dass sie sich nicht zu ändern brauchen.

Sprichwort

Ein Mensch von gründlicher Natur
Macht bei sich selber Inventur.
Wie manches von den Idealen,
Die er einst teuer musste zahlen,
Gibt er, wenn auch nur widerwillig,
Weit unter Einkaufspreis, spottbillig.
Auf einen Wust von holden Träumen
Schreibt er entschlossen jetzt: „Wir räumen!“
Und viele höchste Lebensgüter
Sind nur mehr alte Ladenhüter.
Doch ganz vergessen unterm Staube
Ist noch ein Restchen alter Glaube,
Verschollen im Geschäftsbetriebe
Hielt sich auch noch ein Quäntchen Liebe,
Und unter wüstem Kram verschloffen
Entdeckt er noch ein Stückchen Hoffen.
Der Mensch, verschmerzend seine Pleite,
Bringt die drei Dinge still beiseite
Und lebt ganz glücklich bis zur Frist,
Wenn er noch nicht gestorben ist.

Eugen Roth

21. September

Welch unendliche Realität bekommt doch das Selbst, wenn es sich dessen bewusst wird, dass es vor Gott da ist, wenn es ein menschliches Selbst wird, dessen Maßstab Gott ist.

Sören Kierkegaard

Es ist keineswegs allein das Ergebnis erfolgreicher Naturforschung und vorwitziger Philosophie, dass der Mensch sich zum Herrn der Welt, zum Richter über Gut und Böse macht, und dass Gott in Wohnungsnot gerät. Das Nein zu Gott findet erst Gehör, wo der Glaube bereits an der Wurzel zerstört ist, wo an unglaubwürdigen Christen Gott selbst unglaubwürdig wurde. Das geschah und geschieht aber dort, wo der Glaube auf den Gassen gepredigt und die Liebe nicht zu finden ist, wo die Worte Liebe, Gerechtigkeit und Gemeinschaft wie ungedeckte Schecks von der Kanzel flattern, und derjenige sich lächerlich macht, der sie aufhebt und seinen Mitchristen zur Einlösung präsentiert.

Ulrich Heidenreich

Vor Gott sind nicht gerecht, die das Gesetz hören, sondern die das Gesetz tun, werden gerecht sein.

Römer 2,13

22. September

Ideologen sind Leute, die glauben,
dass die Menschheit besser sei als der Mensch.

Dwight D. Eisenhower

Manche gehen mit der Erde um, als hätten sie noch eine zweite im Kofferraum.
Du, Schöpfer der Welt, schenke uns Respekt und Bewunderung für die Vielfalt und Geheimnisse des Lebens, und gib uns die Weisheit, die Schönheit deiner Welt für die kommenden Generationen zu bewahren.

Verfasser unbekannt

Und Gott der Herr nahm den Menschen und setzte ihn in den Garten Eden, dass er ihn bebaute und bewahrte.

1. Mose 2,15

23. September

Herr, unser Herrscher,
wie herrlich ist dein Name in allen Landen, der du zeigst deine Hoheit am Himmel!
Wenn ich sehe die Himmel, deiner Finger Werk, den Mond und die Sterne, die du bereitet hast: was ist der Mensch, dass du seiner gedenkst, und des Menschen Kind, dass du dich seiner annimmst?
Du hast ihn wenig niedriger gemacht als Gott, mit Ehre und Herrlichkeit hast du ihn gekrönt.

Psalm 8,2+4-6

Wie viel wäre für die heutigen Zustände schon gewonnen, wenn wir nur jeden Abend drei Minuten lang sinnend zu den unendlichen Weiten des gestirnten Himmels emporblickten.

Albert Schweitzer

24. September

Ich elender Mensch! Wer wird mich erlösen von diesem todverfallenen Leibe?
Dank sei Gott durch Jesus Christus, unsern Herrn!

Römer 7,24-25

Weiß ich den Weg auch nicht, du weißt ihn wohl,
das macht die Seele still und friedevoll.
Ist's doch umsonst, dass ich mich sorgend müh,
dass ängstlich schlägt mein Herz,
sei's spät, sei's früh.

Du weißt den Weg ja doch, du weißt die Zeit,
dein Plan ist fertig schon und liegt bereit.
Ich preise dich für deiner Liebe Macht,
ich rühm die Gnade, die mir Heil gebracht.

Du weißt, woher der Wind so stürmisch weht,
und du gebietest ihm, kommst nie zu spät.
Drum wart ich still, dein Wort ist ohne Trug,
du weißt den Weg für mich, das ist genug.

Hedwig von Redern

25. September

Wenn ihr umkehrtet und stille bliebet, so würde euch geholfen; durch Stillesein und Hoffen würdet ihr stark sein.

Jesaja 30,15

Liefere dich nicht ganz und nicht ständig dem Tätigsein aus, sondern widme dazwischen der Betrachtung ein Stück von deinem Herzen und deiner Zeit.

Bernhard von Clairvaux

Der Tag ist um, die Nacht kehrt wieder,
auch sie, o Herr, ist deine Zeit.
Dich preisen unsre Morgenlieder,
dir sei die Stille nun geweiht.

Karl Albrecht Höppl, EG 490,1

26. September

Unter den Übermütigen ist immer Streit; aber Weisheit ist bei denen, die sich raten lassen. Rechte Einsicht schafft Gunst; aber der Verächter Weg bringt Verderben.

Sprüche 13,10+15

Der Esel mit der Löwenhaut kam zu den Schlangen.
„Stark bin ich. Wie werde ich klug?“, fragte er.
„Häute dich“, rieten die Schlangen.
„Aber dann bin ich ja wieder der alte Esel.“
„Alle Klugheit“, sagten die Schlangen, „beginnt mit der Selbsterkenntnis.“

Verfasser unbekannt

Herr Jesu Christ, dich zu uns wend,
dein’ Heilgen Geist du zu uns send;
mit Hilf und Gnad er uns regier
und uns den Weg zur Wahrheit führ.

Tu auf den Mund zum Lobe dein,
bereit das Herz zur Andacht fein,
den Glauben mehr, stärk den Verstand,
dass uns dein Nam werd wohlbekannt.

Wilhelm II. von Sachsen-Weimar, EG 155,1-2

27. September

Ein Mann in Sussjas Stadt sah, dass er sehr arm war, und legte ihm jeden Tag im Bethaus einen Zwanziger in den Tefillinbeutel, damit er sein und der Seinen Leben zu fristen vermöchte. Seither wuchs der Wohlstand des Mannes von Mal zu Mal. Je mehr er gab, umso mehr besaß er.
Einmal besann er sich aber, dass Sussja ein Jünger des großen Maggids war, und es geriet ihm in den Sinn: wenn schon die Gabe an den Schüler so vielfältig gelohnt werde, welch ein Reichtum würde über ihn kommen, wenn er den Meister selbst beschenkte.
So fuhr er nach Mesritsch und erwirkte von Rabbi Bär mit vielen Bitten, dass der eine ansehnliche Gabe von ihm annahm. Von diesem Augenblick an schwand sein Wohlstand mehr und mehr, bis aller Gewinn der gesegneten Zeit dahin war. Da kam er in seiner Betrübnis zu Rabbi Sussja, erzählte ihm alles und befragte ihn, was dies sei: habe doch er selbst ihm gesagt, dass der Meister unmessbar größer sei als er.
Sussja antwortete ihm: „Sieh, solang du gabst und nicht hinsahst, wem du gibst, sondern Sussja war dir recht oder ein anderer, so lange gab auch Gott dir und sah nicht hin. Als du aber begannst, dir edle und auserlesene Empfänger zu suchen, tat Gott desgleichen."

Martin Buber

28. September

Du sagst, jedes Ding hat zwei Seiten! Warum siehst du immer nur die eine, die schwarze?

Nach einem Sprichwort

Ein Heiliger, der traurig ist, ist ein trauriger Heiliger.

Teresa de Avila

Nachdem die Mutter die köstliche Suppe aufgeteilt hat, sind alle schweigend damit beschäftigt, ihr Ehre anzutun. Mit einem Mal zieht Martin den Hals ein bisschen ein, legt den Kopf schief und lacht vor sich hin. Fünf Augenpaare blicken auf.
„Warum lachst du denn, du kleine Meerkatze?“, fragt der Vater.
„Weil ich das so gern mag.“
„Was magst du so gern?“
„Das Lachen.“

Manfred Hausmann

29. September

Die Jagd nach dem Sündenbock ist ein raues Gesellschaftsspiel unserer Zeit. Ob im Büro ein Aktenbündel verlegt wird, ob in der Politik ein unüberlegter Entschluss Folgen nach sich zieht, ob innerhalb der eigenen vier Wände etwas in Scherben geht – stets lautet die erste Frage: Wer hat das getan?

Nicht immer gibt es darauf einc eindeutige Antwort. Eine verlegte Akte haben meistens viele in der Hand gehabt. Bei einer Fehlentscheidung in der Politik haben fast immer viele Leute an den Beratungen teilgenommen und Fäden gesponnen. Aber gerade in solchen Fällen wird besonders laut zur Jagd auf den Sündenbock geblasen. Ist er gefunden, atmet alles erleichtert auf. Denn nun besteht die Möglichkeit, die eigene Mitschuld stillschweigend dem Menschen aufzuladen, der vor den anderen ohnehin als der eigentlich Schuldige dasteht; denn kein Mensch kann die Last des eigenen Versagens aushalten.

Dagegen steht die Praxis Christi. Er beteiligte sich nicht an der Jagd nach den Sündenböcken. Seine Absicht war es, die Beschuldigten zu entlasten. Allerdings nicht auf Kosten der Wahrheit. Er beschönigte nichts. Er nannte die Sünde beim Namen. Doch er lud sie auf sich. Er übernahm die Rolle, die die Menschen sich gegenseitig zuschieben, die Rolle des Sündenbocks.

Hans-Georg Lubkoll

30. September

Was Freunde mit und für uns tun, ist auch ein Erlebtes; denn es stärkt und fördert unsere Persönlichkeit. Was Feinde gegen uns unternehmen, erleben wir nicht, wir erfahren's nur, lehnen's ab und schützen uns dagegen wie gegen Frost, Sturm, Regen und Schlossenwetter oder sonst äußere Übel, die zu erwarten sind.
Man mag nicht mit jedem leben, und so kann man auch nicht für jeden leben; wer das recht einsieht, wird seine Freunde höchlich zu schätzen wissen, seine Feinde nicht hassen noch verfolgen; vielmehr erlangt der Mensch nicht leicht einen größeren Vorteil, als wenn er die Vorzüge seiner Widersacher gewahr werden kann: Dies gibt ihm ein entschiedenes Übergewicht über sie.

Johann Wolfgang von Goethe

Oktober

1. Oktober

Aller Augen warten auf dich, und du gibst ihnen ihre Speise zur rechten Zeit. Du tust deine Hand auf und sättigst alles, was lebt, nach deinem Wohlgefallen.

Psalm 145,15-16

Ein Geistlicher wanderte einmal durch die Felder, auf denen das Getreide reifte. Da begegnete er einem Bauern, der trotz der glühenden Sonne seinen Hut in der Hand trug. Der Geistliche empfahl, den Hut doch aufzusetzen. Aber der Bauer sagte: „Wenn ich durch meine reifenden Felder gehe, setze ich den Hut nicht auf, weil man Ehrfurcht haben muss vor dem geheimnisvollen Walten und Wirken Gottes, das sich da still vollzieht."

Nach einer Überlieferung

Wir rühmen seine Güte,
die uns das Feld bestellt
und oft ohn unsre Bitte
getan, was uns gefällt;
die immer noch geschont,
ob wir gleich gottlos leben,
die Fried und Ruh gegeben,
dass jeder sicher wohnt.

Gottfried Tollmann, EG 505,2

2. Oktober

Wenn ein Bauer für eine Ernte betet, so pflügt und sät er auch, denn sonst wären seine Gebete heuchlerisch. Angenommen, wir hätten hier in unserer Nachbarschaft eine Anzahl Leute, die vor Hunger stürben, und wir hielten eine Gebetsstunde, dass Gott ihrem Mangel abhelfen möge.
Würde es nicht Heuchelei sein, wenn wir alle, nachdem wir für diese Leute gebetet hätten, nach Hause gingen, unser Mittagessen verzehrten und ihnen für keinen Pfennig Brot gäben?
Der wahrhaft Wohlwollende steckt die Hand in die Tasche und sagt: Was kann ich tun, damit mein Gebet erhört wird?

Charles Haddon Spurgeon

Seid aber Täter des Worts und nicht Hörer allein; sonst betrügt ihr euch selbst.

Jakobus 1,22

3. Oktober

Zwei Juden, der eine arm, der andere reich, saßen im Vorzimmer eines berühmten Rabbis. Beide wollten ihn um Rat angehen.
Der Reiche wurde zuerst hineingeführt. Die Audienz dauerte lange, über eine Stunde. Dem Armen gab man, als er endlich eingelassen wurde, nur ein paar Minuten.
Deshalb protestierte er heftig: „Rabbi, ist das gerecht? Den Reichen behandelst du vornehmer als den Armen! Wo ist da deine vielgepriesene Gerechtigkeit?"
„Du Dummkopf", antwortete der Rabbi, „als du hier eintrafst, wusste ich auf den ersten Blick, dass du arm bist. Bei jenem aber musste ich erst eine ganze Stunde zuhören, bis ich herausfand, dass er noch viel ärmer ist als du."

Adalbert Ludwig Balling

Fällt euch Reichtum zu, so hängt euer Herz nicht daran.

Psalm 62,11

4. Oktober

Wir wissen aber, dass denen, die Gott lieben, alle Dinge zum Besten dienen.

Römer 8,28

Aus dem Gefühl seiner eigenen Ohnmacht deckt sich das Kind in aller Einfalt den Urgrund seiner Freude auf. Es hält sich an seine Mutter. Gegenwart, Vergangenheit und Zukunft, sein ganzes Leben rinnt in einen Blick zusammen, und dieser Blick ist ein Lächeln.
Ja, wenn man uns nur hätte gewähren lassen. Die Kirche hätte der Menschheit diese Art von höchster Sicherheit gegeben. Beachte wohl, ein jeder hätte trotzdem sein Teil an Widerwärtigkeiten gehabt: Hunger und Durst, Elend und Eifersucht. Wir wären niemals stark genug gewesen, den Teufel in die Tasche zu stecken, gewiss nicht.
Der Mensch hätte aber gewusst, dass er ein Kind Gottes ist, und das wäre das wahre Wunder gewesen.

Georg Bernanos

5. Oktober

Wem der Himmel leer ist, der neigt dazu, sich selbst zu überschätzen und babylonische Türme zu bauen. Viele meinen, die Veränderung der Welt läge allein in ihren Händen. Sie werden sozial auf Kosten der Menschlichkeit und geraten in Verzweiflung, wenn ihre Kraft nicht ausreicht, den Himmel auf die Erde zu holen. Es ist schon ein Gott nötig, damit wir unsere Grenzen erkennen und begreifen, dass unser Hochmut und unsere Verzagtheit uns hindern, fröhlich Mensch zu sein.

Ulrich Heidenreich

O Jesu Christe, wahres Licht,
erleuchte, die dich kennen nicht,
und bringe sie zu deiner Herd,
dass ihre Seel auch selig werd.

Johann Heermann, EG 72,1

6. Oktober

Seid aber untereinander freundlich und herzlich und vergebt einer dem andern, wie auch Gott euch vergeben hat in Christus.

Epheser 4,32

Es bringt nicht viel, dass wir an besonderen Tagen Bekenntnisse ablegen, wenn unsere Haltung den Worten widerspricht. Es bringt nicht viel, wenn wir Gott loben und den Nächsten allein lassen, wenn wir unsere Herzen zum Himmel erheben und sie damit dem entziehen, der Mensch ist wie wir.

Ulrich Heidenreich

Wir können die Schlachten des Herrn nicht durch gemietete Truppen schlagen lassen. Wir müssen lernen, dass Jesus nicht will, dass wir nur Feldgeschrei machen und in die Posaune blasen, sondern dass die ganze Stärke jedes Einzelnen in unseren Reihen gebraucht wird, wo es um seine siegreiche Sache, um das Heil der Menschen geht.

Charles Haddon Spurgeon

7. Oktober

Es war einmal ein Mensch,
dem die Welt zu kalt wurde,
zu sachlich und zu nüchtern.
Da beschloss er, den Ort zu suchen,
an dem die Träume geboren werden.
Denn das war ihm klar:
Die eigentliche Wirklichkeit liegt in den Träumen.
Er durchreiste die ganze Welt,
sprach mit einfachen
und mit hochgestellten Leuten.
Viele kannten Träume,
aber niemand wusste zu sagen,
wo sie geboren werden.
Da kehrte er enttäuscht
nach Hause zurück.
Er fand alles vor, wie er es verlassen hatte,
machte sich eine Tasse Kaffee
und ging früh zu Bett.
Da kam ein Traum zu ihm,
begrüßte ihn freundlich und sagte,
wenn der neue Tag anbräche,
dann solle er getrost wieder
seiner Arbeit nachgehen.
Anderntags stand der Mensch früh auf,
ging hinaus, sah zum Himmel
und sagte „Danke".
Nun wollte er leben,
damit seine Träume Wirklichkeit würden.

Peter Spangenberg

8. Oktober

Siehe, Kinder sind eine Gabe des Herrn; wohl dem, der seinen Köcher mit ihnen gefüllt hat!

Psalm 127,3+5

Von den Kindern

Eure Kinder sind nicht eure Kinder. [...] Sie kommen durch euch, aber nicht von euch, und obwohl sie mit euch sind, gehören sie euch doch nicht.
Ihr dürft ihnen eure Liebe geben, aber nicht eure Gedanken, denn sie haben ihre eigenen Gedanken. [...]
Ihr dürft euch bemühen, wie sie zu sein, aber versucht nicht, sie euch ähnlich zu machen.
Denn das Leben läuft nicht rückwärts, noch verweilt es im Gestern.

Khalil Gibran

Albert Schweitzer wurde gefragt:
„Wie erzieht man seine Kinder am besten?"
Er antwortete:
„Es gibt drei Methoden:
Erstens – durch Beispiel.
Zweitens – durch Beispiel.
Drittens – durch Beispiel!"

Verfasser unbekannt

9. Oktober

Ein fröhliches Herz tut dem Leibe wohl; aber ein betrübtes Gemüt lässt das Gebein verdorren.

Sprüche 17,22

Auf, auf, gib deinem Schmerze
und Sorgen gute Nacht,
lass fahren, was das Herze
betrübt und traurig macht;
bist du doch nicht Regente,
der alles führen soll,
Gott sitzt im Regimente
und führet alles wohl.

Paul Gerhardt, EG 361,7

Je froher dein Herz ist,
desto heller leuchtet die Sonne.

Romano Guardini

10. Oktober

Herr, meine Uhr hat mich erschreckt.
Mein Blick fiel auf den Sekundenzeiger.
Mit leisem Ticken rechnet er
die Sekunden meines Lebens ab.

Herr, sie machen mir Angst,
die unzähligen Augenblicke meines Lebens,
die ich vertan und verdorben habe.
Denn keiner kehrt zurück,
dass ich ihn besser leben könnte.

Ein Wort im rechten Augenblick,
ein schweigendes Zuhören zur rechten Zeit,
ein Händedruck, ein Geschenk, ein Gebet, –
sie können ein ganzes Leben ändern.

Das Richtige im rechten Augenblick zu erkennen
und aus Liebe zu tun,
das, Herr, erbitte ich mir von dir.

Paul Roth

Herr ZETT,
sind Sie auf Veränderungen aus?
Aber ja, antwortete er, auf meine.

Kurtmartin Magiera

11. Oktober

Seltsam, im Nebel zu wandern!
Einsam ist jeder Busch und Stein,
kein Baum sieht den andern,
jeder ist allein.

Voll von Freunden war mir die Welt,
als noch mein Leben licht war;
nun, da der Nebel fällt,
ist keiner mehr sichtbar.

Wahrlich, keiner ist weise,
der nicht das Dunkel kennt,
das unentrinnbar und leise
von allen ihn trennt.

Seltsam, im Nebel zu wandern!
Leben ist Einsamsein.
Kein Mensch kennt den andern,
jeder ist allein.

Hermann Hesse

Und ob ich schon wanderte im finstern Tal, fürchte ich kein Unglück; denn du bist bei mir, dein Stecken und Stab trösten mich.

Psalm 23,4

12. Oktober

Die wesentlichen Dinge des Lebens kommen nicht aus uns selbst, sondern auf uns zu.

Sprichwort

Liebet die ganze Schöpfung Gottes! Sowohl den ganzen Erdenball, wie auch das kleinste Sandkorn. Jedes Blättchen liebet und jeden Sonnenstrahl! Liebet alle Dinge.
Wenn ihr das tut, so werden sich euch in ihnen die Geheimnisse Gottes offenbaren. Und wenn das geschieht, so werdet ihr ihn selbst von Tag zu Tag mehr erkennen. Und schließlich werdet ihr ihn und die ganze Welt in einer einzigen großen Liebe umfassen.

Fjodor M. Dostojewskij

Erheb ihn ewig, o mein Geist,
erhebe seinen Namen;
Gott unser Vater sei gepreist,
und alle Welt sag Amen,
und alle Welt fürcht ihren Herrn
und hoff auf ihn und dien ihm gern.
Wer wollte Gott nicht dienen?

Christian Fürchtegott Gellert, EG 506,6

13. Oktober

Die Sorge um mein tägliches Brot
ist eine materielle Frage.
Die Sorge um das Brot meines Bruders
ist eine geistliche Frage.

Nikolai Berdjajew

Wie man die Menschen lieben soll, habe ich von einem Bauern gelernt. Der saß mit anderen in einer Schenke und trank.
Lange schwieg er wie die anderen alle; aber als sein Herz vom Wein bewegt war, sprach er seinen Nachbarn an: „Sag du, liebst du mich oder liebst du mich nicht?" Jener antwortete: „Ich liebe dich sehr."
Er aber sprach wieder: „Du sagst, ich liebe dich, und weißt doch nicht, was mir fehlt. Liebtest du mich in Wahrheit, du würdest es wissen." Der andere vermochte kein Wort zu erwidern, und auch der Bauer, der gefragt hatte, schwieg wie vorher.
Ich aber verstand: Das ist die Liebe zu den Menschen, ihr Bedürfen zu spüren und ihr Leid zu tragen.

Chassidische Legende

14. Oktober

Liebe ist kein Gefühl, kein Sturmwind,
der einen ergreift und fortreißt,
sondern sie besteht aus viel stiller Geduld,
Vergeben, Freundlichkeit, Gerechtigkeit,
Zuversicht und Treue.

Hannelore Frank

Liebe ist nicht nur ein Wort,
Liebe, das sind Worte und Taten.
Als Zeichen der Liebe ist Jesus geboren,
als Zeichen der Liebe für diese Welt.

Freiheit ist nicht nur ein Wort,
Freiheit, das sind Worte und Taten.
Als Zeichen der Freiheit ist Jesus gestorben,
als Zeichen der Freiheit für diese Welt.

Hoffnung ist nicht nur ein Wort,
Hoffnung, das sind Worte und Taten.
Als Zeichen der Hoffnung ist Jesus lebendig,
als Zeichen der Hoffnung für diese Welt.

Eckart Bücken, Kirchentagslieder 1981, Nr. 77

15. Oktober

Gib dich nicht der Traurigkeit hin, und plage dich nicht selbst mit deinen eigenen Gedanken.
Freude des Herzens ist für den Menschen Leben, und Frohsinn verlängert seine Tage.
Rede dir selber gut zu und beruhige dein Herz
und halte den Ärger von dir fern.
Denn viele tötet die Sorge, und der Kummer nützt dir nichts. Neid und Verdruss verkürzen das Leben;
wer sich zersorgt, der altert vor der Zeit.
Wein und Künste stimmen das Herz froh;
doch mehr als beide die Liebe zu heiterem Sinn.

nach Sirach 30,22-26+40,20

Ein Mensch wünscht sich ganz unaussprechlich,
Dass Glück und Glas sei unzerbrechlich.
Die Wissenschaft vollbringt das leicht:
Beim Glas hat sie's schon fast erreicht.

Eugen Roth

Herr, schenke mir Sinn für Humor.
Gib mir die Gnade, einen Scherz zu verstehen,
damit ich ein wenig Glück kenne im Leben
und anderen davon mitteile.

Thomas Morus

16. Oktober

*Herr, du bist unsere Zuflucht für und für.
Ehe denn die Berge wurden und die Erde und die Welt geschaffen wurden, bist du, Gott, von Ewigkeit zu Ewigkeit. Der du die Menschen lässest sterben und sprichst: Kommt wieder, Menschenkinder! Denn tausend Jahre sind vor dir wie der Tag, der gestern vergangen ist, und wie eine Nachtwache. Du lässest sie dahinfahren wie einen Strom.*

Psalm 90,1-5

Weit dehnt sich der Fluss bis an den Horizont. Gemächlich ziehen Wolken am sommerlichen Himmel dahin. Der Strom treibt seine unendlichen Wasser zum Meer. Es tut gut, den Wassern zuzusehen, wie sie ruhig dahinziehen. Es gibt kein Halten, allenfalls ein kurzes Verzögern. Ein ewiges Treiben zu dem Ziel, an dem alle Flüsse eins sind.
So treiben auch meine Jahre dahin, mal wie wirbelnde Strudel, mal wie glatt ziehende Wasser. Aber in allem geht es weiter zum Ziel. Je näher dem Ziel, desto rarer die Zeit. Das nennt sich gemeinhin Ende des Lebens. Für den Strom ist das Ende das Einmünden in das Allumfassende. Könnte dieses Ziel auch mich tragen?

W. Bauch

17. Oktober

Sei allen Vätern Vater,
den Müttern ein Berater,
der Jugend ein Geleit.
Den Einsamen und Alten,
den Herzen, die erkalten,
gib Trost in ihrer Traurigkeit.

Komm als ein Arzt der Kranken.
Die irren und die wanken,
lass nicht verloren gehn.
Den Sterbenden gewähre,
zuletzt durch alles Schwere
das Licht der Herrlichkeit zu sehn.

Verleihe Frucht und Blüte
und segne und behüte
Natur und Jahreslauf.
Dem, was zerstört, zu wehren,
die Hungernden zu nähren,
weck uns zu deinen Helfern auf.

Detlev Block

Man sollte nicht ängstlich fragen: Was wird oder kann noch kommen, sondern sagen: Ich bin gespannt, was Gott jetzt noch mit mir vorhat.

Weisheit

18. Oktober

Als ich in deinem Alter war – das geht sehr schnell, du bist jetzt zwanzig und kannst es nicht glauben: Man trifft sich, man liebt, man trennt sich, das Leben ist vorne, – und wenn man in den Spiegel schaut, plötzlich ist es hinten, – man kommt sich nicht viel anders vor, aber plötzlich sind es andere, die jetzt zwanzig sind.

Max Frisch

Guter Gott – du weißt alles, du weißt auch, dass wir dich lieben und dir dankbar sind:
- für unser Leben
- für unsere Freunde und Lebensgefährten
- für die Menschen, die zu uns stehen
- für die Gemeinschaft, in der wir nicht einsam sind
- für das Vertrauen der Menschen
- für alle Liebe, die uns geschenkt wird
- für die Heimat, die wir gefunden haben
- für die guten und schönen Dinge dieser Welt
- für überstandene schwere Stunden
- für das Leid, das uns nicht verbittert, sondern reifer und offener für die Not der anderen gemacht hat.

Amen.

Verfasser unbekannt

19. Oktober

Lass dich nicht treiben von jedem Wind, und folge nicht jedem Weg, wie die unbeständigen Herzen es tun, sondern sei beständig in deinem Sinn und bleibe bei einerlei Rede.
Sei schnell bereit zum Hören, und lass dir Zeit, freundlich zu antworten. Verstehst du die Sache, so unterrichte deinen Nächsten, wo nicht, so halte deinen Mund. Denn Reden bringt Ehre, aber Reden bringt auch Schande; und der Mensch kommt durch seine eigene Zunge zu Fall.
Mache niemand heimlich schlecht und rede nicht hinterhältig! Denn ein Dieb ist schändlich; aber ein Verleumder ist noch viel schändlicher.

nach Sirach 5,11-17

Hilf, dass ich rede stets,
womit ich kann bestehen;
lass kein unnützlich Wort
aus meinem Munde gehen;
und wenn in meinem Amt
ich reden soll und muss,
so gib den Worten Kraft
und Nachdruck ohn Verdruss.

Johann Heermann, EG 495,3

20. Oktober

Ihr werdet sein wie Gott und wissen, was gut und böse ist.

1. Mose 3,5

Gott geht verloren, der Mensch will selbst Gott sein. Lange Zeit hatten sich die mittelalterlichen Menschen in ihrer Gotteskindschaft sicher gefühlt. Sie hatten darauf verzichten können, die Welt genau zu erforschen und ihr Leben zu berechnen ...
Offensichtlich hat sich während des Mittelalters das Gefühl kindlichen Beschütztseins zunehmend vermindert, wie umgekehrt das Bedürfnis angewachsen ist, sich eigene Machtmittel anzueignen, um die Stimmung der Unheimlichkeit zu bannen ...
Nach Wegfall des göttlichen Schutzes wird das Selbstbewusstsein des individuellen Ichs zum Garanten eines modernen Sicherheitsgefühls ... Es war der Wunsch des Menschen, selbst omnipotent zu werden, wenn man Gott nicht mehr haben konnte.

Horst Eberhard Richter

21. Oktober

Sage nicht: „Ich bin zu jung“, sondern du sollst gehen, wohin ich dich sende, und predigen alles, was ich dir gebiete.

Jeremia 1,7

Der Mensch neben uns wartet nicht nur auf unsere Handreichung, sondern auch auf unser Wort – auf ein Wort, das ihn tröstet und ihm wieder Mut macht, und das ihm vielleicht auch die Frage nach Gott wieder ermöglicht. Wir können nicht ausweichen in Sozialität und sprachloses Tun. Im Wort bringen wir Gott zu den Menschen.

Ulrich Heidenreich

Niemand kann allen helfen,
aber alle können jemandem helfen.

Sprichwort

22. Oktober

Als er ihn sah, jammerte er ihn.

Lukas 10,33

In einer Weihnachtsgeschichte schildert Charles Dickens den Geizhals Scrooge. Er ist habgierig und egoistisch. Manchmal erscheint ihm – fast wie sein zweites Ich – der Geist seines verstorbenen Teilhabers, des Wucherers Marley. Einmal möchte Scrooge mit ihm über den Gang seiner Geschäfte sprechen. Doch Marley erklärt ihm: „Die Geschäfte! Mein Geschäft hätte darin bestehen sollen, mehr Menschlichkeit zu besitzen. Um das Gemeinwohl, Liebe und Güte, darum hätte ich mich mehr kümmern sollen. Ich lebte unter meinen Mitmenschen, die Augen stets auf den Boden gerichtet. Warum habe ich nie aufgeblickt zu dem legendären Stern, der die Weisen zu einem Stall führte? Es hätte sicher noch andere arme Hütten gegeben, zu denen mich sein Licht hätte geleiten können!“

Johannes Paul I.

Jeden Tag, an dem man Liebe erfährt, sei sie auch noch so unbeholfen und klein, und jeden Tag, an dem man sich traut, noch zu lieben, sei es auch noch so zaghaft und zögernd, sollten wir feiern.

Ulrich Schaffer

23. Oktober

Wach auf, meine Seele, wach auf, Psalter und Harfe, ich will das Morgenrot wecken!

Psalm 57,9

Manchmal träume ich.
Ich träume von meiner Selbständigkeit.
Ich träume von meiner Liebe.
Ich träume von meinem Erfolg.

Wenn ich wach bin,
kämpfe ich für meinen Standpunkt;
suche ich die große Liebe;
lerne ich für meine Zukunft.

Manchmal wünsche ich mir:
Träum' einfach weiter!

Großer Gott,
lass mich wach sein im richtigen Moment.

Ingeborg Kistner

Glücklichsein heißt nicht, nur das zu tun, was Freude macht, sondern vielmehr das mit Freude zu tun, was zu machen ist.

Weisheit

24. Oktober

Tief in mir spüre ich Angst.
Angst zu versagen,
mich zu blamieren,
mein Gesicht zu verlieren.

Du nimmst mich an,
so wie ich bin.
Vor dir kann ich nicht versagen.
Mein Kopf weiß das.

Lass es mein Herz spüren.
Und schenke mir den Mut,
meine Angst zu überwinden.

Ingeborg Kistner

Und er hat zu mir gesagt: Lass dir an meiner Gnade genügen; denn meine Kraft ist in den Schwachen mächtig.

2. Korinther 12,9

25. Oktober

Wenn doch auch du erkenntest zu dieser Zeit, was zum Frieden dient! Aber nun ist's vor deinen Augen verborgen.

Lukas 19,42

Der heilige Franz von Sales wurde einmal von einem Studenten gefragt: „Was kann ich für den Frieden tun?“ Franz antwortete: „Schlagen Sie die Tür nicht so laut zu!“

Verfasser unbekannt

Zwei chinesische Kulis hatten auf der Straße eine hitzige Auseinandersetzung und schnell sammelte sich ein Kreis von Neugierigen.
Ein englischer Tourist, der auch dabeistand, sagte zu seinem chinesischen Begleiter, dass die beiden wohl bald handgreiflich werden würden.
„Das glaube ich nicht“, antwortete der Chinese, „denn derjenige, der zuerst zuschlägt, gibt damit zu, dass ihm die Argumente ausgegangen sind.“

Nach einer Überlieferung

Einer muss den Frieden beginnen wie den Krieg.

Stefan Zweig

26. Oktober

es war einmal eine stadt
es war einmal ein mensch
es war einmal ein tag
da gingen den bewohnern einer stadt
an einem tag die augen auf
über einen menschen

...

die bewohner dieser stadt
aber gingen in samt und seide
in pelz und leder
sie panzerten sich mit autos
mit blech und chrom
sie hatten
zweitwagen
zweitfrauen
zweitmänner
zweitfrisuren
zweitwohnungen
sogar zweit- und drittgötter
sie hatten ihre höllen
nur eines hatten sie nicht
heimat
himmel
sie taten nur so.

Wilhelm Willms (Auszug)

27. Oktober

Wir warten aber auf einen neuen Himmel und eine neue Erde nach seiner Verheißung, in denen Gerechtigkeit wohnt.

2. Petrus 3,13

Die ägyptischen Pyramiden sind berühmt, weil sich in ihnen die mumifizierten Körper von früheren ägyptischen Pharaonen befinden.
Die Westminster Abbey in London ist berühmt, weil in ihr die Körper englischer Adliger und angesehener Persönlichkeiten ruhen.
Das Grab Mohammeds ist berühmt wegen des Steinsarges und der Gebeine, die er enthält.
Der berühmte Heldenfriedhof „Arlington Cemetery" in Washington ist berühmt, da er die Ruhestätte vieler herausragender Amerikaner ist.
Das Grab Christi ist berühmt, weil es leer ist.

Christian Victory

28. Oktober

Der Gerechtigkeit Frucht wird Friede sein, und der Ertrag der Gerechtigkeit wird ewige Stille und Sicherheit sein.

Jesaja 32,17

Die Menschen aus den uralten Zeiten gingen in die Einsamkeit der Wüste, nicht weil sie die Stille suchten, sondern weil sie hören wollten. Und dieselben Menschen waren oft schweigsam, nicht weil sie nichts zu sagen hatten, sondern weil sie mit wenigen Worten soviel zu sagen hatten, weil ihre Worte mit Erfahrung aufgeladen waren.
Bei uns ist es oft anders: Je weniger wir zu sagen haben, um so intensiver wird unser Geschwätz, und je weniger wir hören wollen, um so lauter wird unsere Musik. Unser Gott aber braucht Horchende: Nur sie können verstehen, dass er immer wieder sagt: „Ich werde für euch da sein."

Verfasser unbekannt

Die Dunkelheit ist da, und alles schweiget;
mein Geist vor dir, o Majestät, sich beuget.
Ins Heiligtum, ins Dunkle kehr ich ein;
Herr, rede du, lass mich ganz stille sein.

Gerhard Tersteegen

29. Oktober

Es werden nicht alle, die zu mir sagen: Herr, Herr!, in das Himmelreich kommen, sondern die den Willen tun meines Vaters im Himmel.

Matthäus 7,21

Seit dem Beginn der Emanzipation des Menschen im Mittelalter ist der Lärm des Tuns immer lauter und betäubender geworden. Und doch musste der Mensch immer wieder feststellen, dass ein Tun ohne Sein leere Aktivität ist, bloßer Betrieb.
Es muss ständig etwas passieren, weil im Grunde nichts geschieht. Aktion folgt auf Aktion. Man macht ununterbrochen Lärm. Es ist ein Tun ohne Vergangenheit und Zukunft, ohne Grenzen und Ziel.
In der Freiheit der Kinder Gottes werden wir nicht aufhören, zu tun, was nötig ist, zu staunen über das, was möglich ist, zu danken dafür, dass wir voller Hoffnung sind für diese Welt.
Denn die Wahrheit Gottes adelt den Armen, befähigt den Mutlosen, richtet den Verzagten auf und bewahrt, die ihr vertrauen, vor aller Hast.

Ulrich Heidenreich

30. Oktober

So seht ihr nun, dass der Mensch durch Werke gerecht wird, nicht durch Glauben allein. Denn wie der Leib ohne Geist tot ist, so ist auch der Glaube ohne Werke tot.

Jakobus 2,24+26

Ein Seifenhändler wollte einen Priester reizen und sagte: „Das Christentum hat nichts erreicht. Obwohl es schon zweitausend Jahre gepredigt wird, ist die Welt nicht viel besser geworden. Es gibt immer noch zuviel Böses und böse Menschen."
Der Priester zeigte auf ein ungewöhnlich schmutziges Kind, das am Straßenrand im Dreck spielte, und bemerkte: „Auch Seife hat nichts erreicht. Es gibt immer noch Schmutz und schmutzige Menschen in der Welt."
„Seife", entgegnete der Händler, „nutzt nur, wenn sie angewendet wird."
„Christentum auch", antwortete der Priester.

Gisbert Kranz

31. Oktober

Wir sind ausgestoßen aus dem Laufgitter des Kindseins in eine Welt, die die uns bereiten, die uns darum verachten. Aber sie gaben uns keinen Gott mit, der unser Herz hätte halten können, wenn die Winde dieser Welt es umwirbelten ...
Wir sind eine Generation ohne Heimkehr, denn wir haben nichts, zu dem wir heimkehren könnten, und wir haben keinen, bei dem unser Herz aufgehoben wäre – so sind wir eine Generation ohne Abschied geworden und ohne Heimkehr.
Aber wir sind eine Generation der Ankunft. Vielleicht sind wir eine Generation der Ankunft auf einem neuen Stern, in einem neuen Leben. Voller Ankunft unter einer neuen Sonne, zu neuen Herzen. Vielleicht sind wir voller Ankunft zu einem neuen Lieben, zu einem neuen Lachen, zu einem neuen Gott.

Wolfgang Borchert

Wendet euch zu mir, so werdet ihr gerettet, aller Welt Enden; denn ich bin Gott, und sonst keiner mehr.

Jesaja 45,22

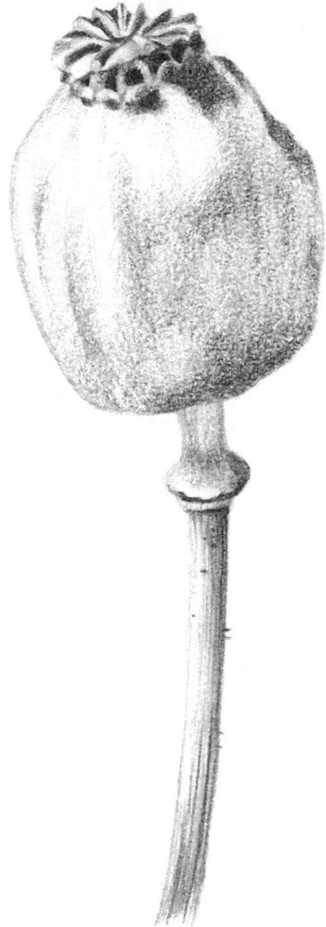

November

1. November

Ich glaube fast, es fehlt euch allesamt ein wenig der liebe Gott, nichts weiter. Nirgends aufgehoben, sehnt jeder sich nach der sicheren Achtung von Seiten der Menschen – so sehr, so dringlich und aufdringlich, dass er alles darüber vergisst.
Es fehlt so ein Ding, das die Achtung wohl aller besäße, eine zweifellose und gemeinsame Achtung für jeden Fall. Dann erst könnten wir wie freie Geister, nämlich sachlich und liebend, über die Dinge sprechen, sogar über die eigenen ... ich glaube wirklich, es fehlt uns nur am lieben Gott.

Max Frisch

Durch Gottlosigkeit kann der Mensch nicht bestehen; aber die Wurzel der Gerechten wird bleiben.

Sprüche 12,3

2. November

Ein Mensch ist manchmal wie verwandelt,
Sobald man menschlich ihn behandelt.

Eugen Roth

Man kann ohne Liebe Holz hacken, Ziegel formen, Eisen schmieden, aber mit Menschen kann man nicht ohne Liebe umgehen.

Leo N. Tolstoi

Herr, da ist der andere,
mit dem ich mich nicht verstehe.
Er gehört dir, du hast ihn geschaffen,
du hast, wenn nicht so gewollt,
ihn so gelassen, wie er eben ist.
Wenn du ihn trägst, mein Gott,
will ich ihn auch tragen und ertragen,
wie du mich trägst und erträgst.

Karl Rahner

3. November

Besserwisser sind Leute, die einem Pferd die Sporen geben, auf dem sie gar nicht sitzen.

Flämisches Sprichwort

Ein Mensch, erst zwanzig Jahre alt,
Beurteilt Greise ziemlich kalt
Und hält sie für verkalkte Deppen,
Die zwecklos sich durchs Dasein schleppen.
Der Mensch, der junge, wird nicht jünger:
Nun, was wuchs denn auf seinem Dünger?
Auch er sieht, dass trotz Sturm und Drang,
Was er erstrebt, zumeist misslang,
Dass, auf der Welt als Mensch und Christ
Zu leben, nicht ganz einfach ist,
Hingegen leicht, an Herrn mit Titeln
Und Würden schnöd herumzukritteln.
Der Mensch, nunmehr bedeutend älter,
Beurteilt jetzt die Jugend kälter.
Vergessend frühres Sich-Erdreisten:
„Die Rotzer sollen erst was leisten!"
Die neue Jugend wiedrum hält ...
Genug – das ist der Lauf der Welt!

Eugen Roth

4. November

Sorgt nicht um euer Leben, was ihr essen und trinken werdet; auch nicht um euren Leib, was ihr anziehen werdet. Ist nicht das Leben mehr als die Nahrung und der Leib mehr als die Kleidung?

Matthäus 6,25

Zum Rotkehlchen sagte der Spatz:
„Ich möchte doch gerne wissen,
warum die Menschen voll Angst
sorgen und jagen müssen?"
„Ich denke, es ist darum",
zum Spatz das Rotkehlchen spricht,
„den Vater, der für uns sorgt,
den kennen die Menschen wohl nicht."

Verfasser unbekannt

Irgendwann an einem warmen Augusttag 1945 begann wieder die Schule. Den Unterricht hielt Fräulein Brendel. Der erste Schultag war sehr schön. Am zweiten sagte sie: „Jetzt dürfen wir auch wieder von Gott reden", und sie erzählte uns eine Geschichte von einem Mann namens Jakob. Gott kam in der Geschichte gar nicht vor. Macht Gott eigentlich etwas, ohne dass er vorkommt?

Dieter Schupp

5. November

Er gibt dem Müden Kraft, und Stärke genug dem Unvermögenden.

Jesaja 40,29

Gewiss ist, dass wir immer in der Nähe und unter der Gegenwart Gottes leben dürfen und dass dieses Leben für uns ein ganz neues Leben ist; dass es für uns nichts Unmögliches mehr gibt, weil es für Gott nichts Unmögliches gibt; dass keine irdische Macht uns anrühren kann ohne Gottes Willen, und dass Gefahr und Not uns nur näher zu Gott treibt; gewiss ist, dass wir nichts zu beanspruchen haben und doch alles erbitten dürfen ...

Dietrich Bonhoeffer

Es ist immer leicht,
die Harfen der Hoffnung in die Weiden zu hängen,
aber es ist meistens schwer,
sie wieder herauszukriegen.

Ulrich Heidenreich

6. November

Ihr seid das auserwählte Geschlecht, die ihr einst „nicht ein Volk“ wart, nun aber „Gottes Volk“ seid, und einst nicht in Gnaden wart, nun aber in Gnaden seid.

nach 1. Petrus 2,9-10

Der Begründer der Methodistenkirche, John Wesley, hatte einen Traum. Er kam an das Tor zur Hölle und fragte: „Was für Leute gibt es hier bei euch? Katholiken?“ Antwort: „Ja, viele.“ – „Auch Anglikaner?“ – „Ja, viele.“ – „Auch Lutheraner, Reformierte, Baptisten, Orthodoxe?“ Immer die gleiche Antwort: „Ja, viele.“ – „Etwa auch Methodisten?“ – „Ja, viele.“

Betrübt ging Wesley weiter und kam an das Himmelsportal. Er klopfte bei der Auskunft und stellte die gleichen Fragen.

„Sind hier Katholiken?“ Antwort: „Nein, kein einziger.“ – „Anglikaner, Lutheraner, Reformierte, Baptisten ...?“ Und immer die gleiche Antwort: „Nein, kein einziger.“ Zaghaft fragte er am Schluss: „Aber doch Methodisten?“ – „Nein, kein einziger.“

Erschrocken wollte Wesley nun wissen: „Ja, was für Leute sind denn im Himmel?“ Antwort: „Hier gibt es nur Christen.“

Nach einer Überlieferung

7. November

Guter König und Herr, der uns das Licht erschuf,
der dem Wechsel der Zeit sichere Ordnung gab, –
da die Sonne nun sinkt und sich das Dunkel
mehrt, sei uns Leuchte und Licht,
Christus, dein Angesicht.

Wie du Israels Volk einst durch die Nacht geführt,
ihm als feuriger Schein Richtung und Weg gezeigt,
so geleite auch uns, die wir im Finstern gehn,
zieh uns leuchtend voran,
Flamme, die nie erlischt.

Was kann würdiger sein nun, da der Tag sich neigt,
als dem währenden Licht
Lob und Gesang zu weihn:
Gott, der strahlend im Glanz ewiger Helle wohnt,
ihm sei Ehre und Preis
jetzt und durch alle Zeit.
Amen.

Prudentius, um 390

Bleibe bei uns; denn es will Abend werden, und der Tag hat sich geneigt.

Lukas 24,29

8. November

Heute fragt Ursel, unsere Sechsjährige, mitten aus dem Spiel heraus, ob ich gerne sterbe. „Alle Leute müssen sterben“, sage ich hinter meiner Zeitung. „Aber gern stirbt niemand.“ Sie besinnt sich. „Ich sterbe gerne!“ – „Jetzt?“, sage ich. „Wirklich?“ – „Jetzt nicht, nein, jetzt nicht.“ – Ich lasse die Zeitung etwas sinken, um sie zu sehen. Sie sitzt am Tisch, mischt Wasserfarben. „Aber später“, sagt sie und malt mit stiller Lust, „später sterbe ich gerne.“

Max Frisch

Niemals verliert man die, welche man in dem liebt, den man nicht verlieren kann.

Augustinus

Ach nein, das ist kein Sterben,
wenn Christen heimwärts gehn;
es ist nur ein Verwandeln
vom Glauben in das Seh’n.

Hedwig von Redern

Denn vielleicht war er darum eine Zeitlang von dir getrennt, damit du ihn auf ewig wiederhättest.

Philemon 15

9. November

Eigentlich ist doch dies der einzige Gedanke, in dem der Mensch Ruhe finden kann, dass, wenn er etwas tut nach reiflicher Überlegung – und es dann doch verkehrt war –, dass dann Gott der ist, der trotzdem etwas Gutes daraus machen kann; dass ein Mensch eigentlich nicht viel anderes tut, als alles verkehrt zu machen, und Gott nichts anderes, als es wieder gut zu machen.

Sören Kierkegaard

Ich bin deswegen guter Zuversicht, dass der in euch angefangen hat das gute Werk, der wird's auch vollenden bis an den Tag Jesu Christi.

nach Philipper 1,6

10. November

Der Herr wird für euch streiten,
und ihr werdet stille sein.

2. Mose 14,14

Jesus suchte die Stille. Oft stieg er allein auf einen Berg, um zu beten. Er erfrischte seine Seele in der Einsamkeit, allein in der Begegnung mit dem, der ihn gesandt hatte. Im Alleinsein mit Gott fand er den Frieden für sich, aus dem der Friede in der Welt wachsen konnte.
Auf dem Jahrmarkt der Gegenwart, im Gelärm der Tage, haben viele verlernt, allein sein zu können, die Stille zu ertragen. Und doch bedarf es der Ruhe, damit Friede wird in uns und um uns, denn nur in der Stille wächst langsam der Baum des Friedens.

Ulrich Heidenreich

Besser wenig mit der Furcht des Herrn als ein großer Schatz, bei dem Unruhe ist.

Sprüche 15,16

11. November

Nun darfst du in ihm leben
und bist nie mehr allein,
darfst in ihm atmen, weben
und immer bei ihm sein.
Den keiner je gesehen
noch künftig sehen kann,
will dir zur Seite gehen
und führt dich himmelan.

Jochen Klepper, EG 379,5

Darin ist erschienen die Liebe Gottes unter uns, dass Gott seinen eingebornen Sohn gesandt hat in die Welt, damit wir durch ihn leben sollen.

1. Johannes 4,9

Glauben heißt:
das Wort Gottes ernst nehmen,
dem Ruf Gottes folgen,
der Stadt Gottes zuwandern,
die Treue Gottes groß schreiben,
der Kraft Gottes das Höchste zutrauen,
für das Volk Gottes Partei ergreifen,
und in dem allen Gott selber
an seiner Seite wissen.

Helmut Lamparter

12. November

Du sollst deinen Nächsten lieben wie dich selbst.

Markus 12,31

Es ist mit der Liebe zum Menschen und mit der Liebe zu Gott wie mit zwei Türen, die auf einmal aufgehen, so dass es unmöglich ist, die eine aufzuschließen, ohne auch die andere aufzumachen, und unmöglich, die eine zu schließen, ohne auch die andere zu schließen.

Sören Kierkegaard

Was du sehen kannst, das siehe, und brauche deine Augen – und über das Unsichtbare und Ewige halte dich an Gottes Wort.

Matthias Claudius

Gott liebt diese Welt, und wir sind sein eigen.
Wohin er uns stellt, sollen wir es zeigen:
Gott liebt diese Welt!

Walter Schulz, EG 409,1

13. November

Viel zu wenig kenne ich die Bäume,
die vor meinem Fenster stehn und rauschen,
viel zu selten baun sich meine Träume
Nester, um die Winde zu belauschen,
und des Himmels Silberwolkenspiele
gehn vorüber, ohne mich zu trösten.
Ganz vergessen habe ich so viele
Wunder, die mir einst das Herz erlösten.

Ina Seidel

Dreierlei sind deine Gaben,
die mich trösten, tragen, laben,
dreifach sollst du Lobpreis haben:
Deine Erde schenkt mir Nahrung,
deine Führung, Herr, Bewahrung
und dein Wort die Offenbarung.

Detlev Block

Wer Lust hat am Gesetz des Herrn und es Tag und Nacht bedenkt, der ist wie ein Baum, gepflanzt an den Wasserbächen, der seine Frucht bringt zu seiner Zeit, und seine Blätter verwelken nicht. Und was er macht, das gerät wohl.

nach Psalm 1,2-3

14. November

Gott,
ich liebe die Blumen.
Sie sind deine Geschöpfe.

Manchmal
bin ich betroffen
von der Unbändigkeit ihres Blühens:
Was für Farben und Formen!

Gib mir ein Stück
von dieser Lebensfreude!

Gott,
ich liebe die Bäume.
Sie sind deine Botschafter.

Manchmal
bewundere ich einen von ihnen:
hundert Jahre, irgendwo am Waldrand,
allen Wettern ausgesetzt.

Gib mir ein Stück
von dieser Verwurzelung und Treue!

Detlev Block

15. November

Barmherzig und gnädig ist der Herr, geduldig und von großer Güte.

Psalm 103,8

Ich achte nicht der künftigen Angst.
Ich harre deiner Treue,
der du nicht mehr von mir verlangst,
als dass ich stets aufs neue
zu kummerlosem tiefem Schlaf
in deine Huld mich bette,
vor allem, was mich bitter traf,
in deine Liebe rette.
Ich weiß, dass auch der Tag, der kommt,
mir deine Nähe kündet
und dass sich alles, was mir frommt,
in deinen Ratschluss findet.

Jochen Klepper, EG 486,7-9

Selig ist der Mensch, den Gott zurechtweist; darum widersetze dich der Zucht des Allmächtigen nicht. Denn er verletzt und verbindet; er zerschlägt, und seine Hand heilt. In sechs Trübsalen wird er dich erretten, und in sieben wird dich kein Übel anrühren.

Hiob 5,17-19

16. November

Aus der Zeit, in der die Botschaft von Jesus zuerst in unserem Land verkündigt wurde, wird erzählt, wie ein germanischer Heerkönig seine Getreuen versammelt hatte und den Missionar aufforderte, zu erläutern, was er zu sagen habe. Doch bevor noch ein Wort gesprochen war, kam ein Vogel aus dem Dunkel der Nacht, den das Licht der Königshalle angelockt hatte, und flog durch den Raum. Er stieß ein paar Mal mit dem Kopf an die Balken der Decke und verschwand wieder in der Nacht.
Der heidnische König, der das beobachtet hatte, sagte: „Siehst du, so ist unser Leben: Wir kommen aus dem Dunkel und wissen nicht woher. Wir irren eine Zeit lang in dieser Welt herum und stoßen uns den Kopf und das Herz wund und verschwinden wieder hinaus ins Dunkel. Wenn du uns sagen kannst, woher wir kommen und wohin wir gehen, wenn wir sterben müssen, folgen wir dir alle."

Nach einer Legende

Der Mensch, vom Weibe geboren, lebt kurze Zeit und ist voll Unruhe, geht auf wie eine Blume und fällt ab, flieht wie ein Schatten und bleibt nicht. Doch du tust deine Augen über ihm auf.

nach Hiob 14,1-3

17. November

Wo ist jemand, wenn er irregeht, der nicht gern wieder zurechtkäme?

nach Jeremia 8,4

In der Rätselecke mancher Zeitungen ist ein Irrgarten abgedruckt, ein Labyrinth, in dem man den Weg von der Mitte zum Ausgang finden muss. Manchmal denkt man: Ich hab's! und merkt erst später, dass es wieder nur eine Sackgasse war. Dann ist es nötig, Ausgangspunkt und Ziel erneut ins Auge zu fassen und sich neu zu orientieren.
Die Wege unseres Lebens sind vom Anfang und vom Ende bestimmt, und auch der weiteste Weg beginnt mit dem ersten Schritt. Auch ein falscher Weg ist unser Weg, wenn wir ihn gegangen sind.
Immer wieder müssen wir uns neu orientieren, Anfang und Ziel neu bedenken; denn für das Gelingen des Lebens müssen wir wissen: Wo komme ich her? Wo gehe ich hin?

Ulrich Heidenreich

18. November

Das Leben wird ein Weg genannt, denn wer geboren wird, der eilt zu einem Ziel.
Wer auf einem Segelschiff eingeschlummert ist, wird ganz von selbst durch Windesgewalt zum Hafen geführt. So eilt auch jeder von uns, stets bewegt und niemals still, im Strom der Lebenszeit dem eigenen Ende zu.
Du schläfst, die Zeit eilt weiter. Du wachst, das Leben geht dahin, ohne dass du darauf achtest. Darum sind wir alle auf dem Wege.
Und so magst du den Sinn des Weges verstehen: Ein Wanderer bist du in diesem Leben!

Liese Höfer

Denn er hat seinen Engeln befohlen, dass sie dich behüten auf allen deinen Wegen, dass sie dich auf den Händen tragen und du deinen Fuß nicht an einen Stein stoßest.

Psalm 91,11-12

19. November

Ich lebe, und ihr sollt auch leben.

Johannes 14,19

wenn ich gestorben bin
hat sie gewünscht
feiert nicht mich
und auch nicht den tod
feiert DEN
der ein gott von lebendigen ist

wenn ich gestorben bin
hat sie gewünscht
zieht euch nicht dunkel an
das wäre nicht christlich
kleidet euch hell
singt heitere lobgesänge

wenn ich gestorben bin
hat sie gewünscht
preiset das leben
das hart ist und schön
preiset DEN
der ein gott von lebendigen ist.

Kurt Marti

20. November

Der Engel des Herrn lagert sich um die her, die ihn fürchten, und hilft ihnen heraus.

Psalm 34,8

Diese Seele legen wir in deine Arme,
Christus, König der himmlischen Stadt.
Diese Seele, freigekauft von dir,
finde Frieden in deiner Hut.
Diese Seele auf ihrem letzten Weg
soll Michael, der starke Engel, führen.
Diese Seele, zum Leben berufen,
gelange ins Königreich des Herrn.

Irischer Segen

Was kann uns fehlen? Solange wir leben, ist Gott bei uns, und wenn wir sterben, sind wir bei ihm.

Karl Witte

21. November

alle haben gewusst
viele haben gewusst
manche haben gewusst
einige haben gewusst
ein paar haben gewusst
wenige haben gewusst
keiner hat gewusst.

Rudolf Otto Wiemer

Da sprach der Herr zu Kain: Wo ist dein Bruder Abel? Er sprach: Ich weiß nicht; soll ich meines Bruders Hüter sein?

1. Mose 4,9

O Mensch, sage nicht,
dass du das Gute nicht tun kannst!
Du hast Augen zum Sehen,
Ohren zum Hören,
ein Herz zum Denken,
Hände zum Wirken und Füße zum Gehen …

Hildegard von Bingen

22. November

Das Tor ist zu fest. Vergebens rütteln wir dran, um einen Blick in das Jenseits zu tun. Und den Verlust – wie ertragen wir ihn?
Der eine, indem er in Zerstreuung sich stürzt, verliert dabei das Beste, was ihm noch übrig blieb.
Ein anderer meint, er hätt's nicht verdient, wird grämlich, wird unzufrieden mit sich und der Welt.
Die Edleren dagegen vertiefen sich und finden Trost in der Schrift. Und da ihre Toten, außer treuem Gedenken, nichts mehr bedürfen, wird tätige Liebe frei.

Wilhelm Busch

Euer Herz erschrecke nicht! Glaubt an Gott und glaubt an mich! In meines Vaters Hause sind viele Wohnungen.

Johannes 14,1-2

23. November

Man halte nur ein wenig stille
und sei doch in sich selbst vergnügt,
wie unsers Gottes Gnadenwille,
wie sein Allwissenheit es fügt;
Gott, der uns sich hat auserwählt,
der weiß auch sehr wohl, was uns fehlt.

Georg Neumark, EG 369,3

Ein König sollte das Urteil unterschreiben: „Gnade unmöglich, im Gefängnis lassen!"
Ihm kam das Urteil zu hart vor, weil er an die Zukunft des Mannes und seiner Familie dachte. Er änderte das Urteil: „Gnade, unmöglich im Gefängnis lassen!" Eine Kommaverschiebung machte aus dem Gefangenen einen Befreiten.

Verfasser unbekannt

Denn es ist hier kein Unterschied: sie sind allesamt Sünder und ermangeln des Ruhmes, den sie bei Gott haben sollten, und werden ohne Verdienst gerecht aus seiner Gnade durch die Erlösung, die durch Christus Jesus geschehen ist.

Römer 3,22-24

24. November

Wenn unser Herr und Meister Jesus Christus spricht: „Tut Buße“ usw., so hat er gewollt, dass das ganze Leben der Gläubigen Buße sein soll.

Martin Luther

Gnad hat dir zugesaget Gott,
von wegen Christi Blut und Tod;
zusagen hat er nicht gewollt,
ob du bis morgen leben sollt;
dass du musst sterben, ist dir kund,
verborgen ist des Todes Stund.

Johann Heermann, EG 234,5

Du bist nicht ewig hier, um dich ändern zu können.

Altägyptischer Spruch

25. November

Alles hat seine Zeit,
und alles Tun unter dem Himmel hat seine Stunde.

nach Prediger 3,1

Wie der Mittwoch kommt,
der Donnerstag kommt,
der Freitag kommt,
kommt auch der Tag,
dessen Datum du nicht liest in der Zeitung,
dessen Kalenderblatt
ein anderer abreißt.

Rudolf Otto Wiemer

Solange wir noch Zeit haben,
lasst uns Gutes tun an jedermann,
allermeist aber an des Glaubens Genossen.

Galater 6,10

26. November

Ich habe in meinem Leben viel kluge und gute Bücher gelesen. Aber ich habe in ihnen allen nichts gefunden, was mein Herz so still und froh gemacht hätte wie die vier Worte aus dem 23. Psalm: „Du bist bei mir!“

Immanuel Kant, um 1780

Ob ich wandert im finstern Tal,
fürcht ich doch kein Unglücke
in Leid, Verfolgung und Trübsal,
in dieser Welte Tücke:
denn du bist bei mir stetiglich,
dein Stab und Stecken trösten mich,
auf dein Wort ich mich lasse.

Augsburg 1531, EG 274,3

Ich bin bei euch alle Tage bis an der Welt Ende.

nach Matthäus 28,20

27. November

Ich sah die Arbeit, die Gott den Menschen gegeben hat, dass sie sich damit plagen.
Er hat alles schön gemacht zu seiner Zeit, auch hat er die Ewigkeit in ihr Herz gelegt; nur dass der Mensch nicht ergründen kann das Werk, das Gott tut, weder Anfang noch Ende.
Da merkte ich, dass es nichts Besseres dabei gibt als fröhlich sein und sich gütlich tun in seinem Leben. Denn ein Mensch, der da isst und trinkt und hat guten Mut bei all seinem Mühen, das ist eine Gabe Gottes.

Prediger 3,10-13

Der Anfang, das Ende,
o Herr, sie sind dein.
Die Spanne dazwischen,
das Leben, war mein.
Und irrt ich im Dunkeln
und fand mich nicht aus –
bei dir, Herr, ist Klarheit,
und Licht ist dein Haus.

Fritz Reuter

28. November

Bei der Feier eines 85. Geburtstags schloss ein Gast seine Rede mit dem Wunsch: „Also dann, auf die nächsten 15 Jahre!“ Etwas zögernd entgegnete der Jubilar: „So viele werden es wohl nicht mehr. Was dann wohl kommt?“
Es folgte ein verlegenes Schweigen der Gäste. Dann wandte sich das Gespräch wieder der Erinnerung an frühere Zeiten zu – nur der alte Herr war noch etwas stiller geworden.
„Was dann wohl kommt?“ Mit den Menschen der Bibel sind wir gewiss, dass wir in Gottes Liebe geborgen bleiben. So können wir den Mut finden, auf den Wegen der Hoffnung weiterzugehen, auch wenn wir das Ziel, in das sie münden, nicht so genau kennen. Bei Gott sind wir zu Hause, weil wir ihm viel bedeuten.

Ulrich Heidenreich

Leben wir, so leben wir dem Herrn; sterben wir, so sterben wir dem Herrn. Darum: wir leben oder sterben, so sind wir des Herrn.

Römer 14,8

29. November

Dem herrn unserem gott
hat es ganz und gar nicht gefallen
dass gustav e. lips
durch einen verkehrsunfall starb

erstens war er zu jung
zweitens seiner frau ein zärtlicher mann
drittens zwei kindern ein lustiger vater
viertens den freunden ein guter freund
fünftens erfüllt von guten ideen

was soll jetzt ohne ihn werden?
was ist seine frau ohne ihn?
wer spielt mit den kindern?
wer ersetzt einen freund?
wer hat die neuen ideen?

dem herrn unserem gott
hat es ganz und gar nicht gefallen
dass einige von euch dachten
es habe ihm solches gefallen

im namen dessen der tote erweckte
im namen des toten der auferstand:
wir protestieren gegen den tod von gustav e. lips.

Kurt Marti

30. November

Und da ihr den als Vater anruft, der ohne Ansehen der Person einen jeden richtet nach seinem Werk, so führt euer Leben, solange ihr hier in der Fremde weilt, in Gottesfurcht.

1. Petrus 1,17

Was sich doch die Leute so sorgen und grämen, wie sie durch die Welt kommen sollen! Durch die Welt kommen wir alle; in der Welt ist noch keiner sitzen oder hängen geblieben.
Aber ob wir in den Himmel kommen, das ist eine Frage, an welcher alles hängt. Und doch, wie wenige sind, die ernstlich also fragen.

Johann Kaspar Lavater

Ich bin ein Gast auf Erden
und hab hier keinen Stand;
der Himmel soll mir werden,
da ist mein Vaterland.
Hier reis ich bis zum Grabe;
dort in der ewgen Ruh
ist Gottes Gnadengabe,
die schließt all Arbeit zu.

Paul Gerhardt, EG 529,1

Dezember

1. Dezember

Den Frieden lasse ich euch, meinen Frieden gebe ich euch. Nicht gebe ich euch, wie die Welt gibt. Euer Herz erschrecke nicht und fürchte sich nicht.

Johannes 14,27

Friede auf unserer Erde!
Friede auf unserem Feld!
Dass es auch immer gehöre,
Dem, der es gut bestellt!

Friede in unserem Lande!
Friede in unserer Stadt!
Dass sie den gut behause,
Der sie gebauet hat!

Friede in unserem Hause!
Friede im Haus nebenan!
Friede dem friedlichen Nachbarn,
Dass jedes gedeihen kann!

Friede der Frau und dem Manne!
Friede dem Greis und dem Kind!
Friede der See und dem Lande,
Dass sie uns günstig sind!

Bertolt Brecht

2. Dezember

Freu dich, Erd und Sternenzelt, Halleluja;
Gottes Sohn kam in die Welt, Halleluja.
Uns zum Heil erkoren,
ward er heut geboren,
heute uns geboren.

Leitmeritz 1844, EG 47,1

Im Papsttum hat man eine Historie gesagt: „Es ist der Teufel auf eine Zeit in der Kirche zur Messe gekommen, und da man im Bekenntnis des Glaubens die Worte gesungen hat ‚Et homo factus est' – ‚Gottes Sohn ist Mensch worden', und die Leute gestanden und nicht niedergekniet, hat er einen auf's Maul geschlagen, ihn gescholten und gesagt: ‚Du grober Schelm, schämst dich nicht, dass du so stehest wie ein Stock und nicht vor Freuden niederfährst! Wenn Gottes Sohn unser Bruder worden wäre wie eurer, wüssten wir nicht, wo wir vor Freuden bleiben sollten!"
Ich achte nicht, dass diese Historie wahr sei, denn der Teufel ist uns und dem Herrn Christo zu feind; aber das ist gewisslich wahr: Der es also gedichtet hat, der hat einen Geist besessen und die größte Ehre wohl verstanden, welche uns widerfahren ist in dem, dass Gottes Sohn ist Mensch worden.

Martin Luther

3. Dezember

Die Kerzen des Adventskranzes wollen uns nachdenklich machen, damit wir versuchen, besser hinzusehen, wenn wir mit Menschen zusammen sind. Je heller es wird, in uns und um uns, desto besser sehen wir auch den Menschen neben uns.
Jede Kerze mehr bringt uns dem Sehnen des anderen näher. Jede Kerze, die mir leuchtet, fragt auch: In wessen Leben habe ich heute Licht gebracht? Wird der Alltag eines Menschen durch mich heller? Habe ich genug Hoffnung für ihn bewahrt? Wird sein Dasein durch mich lebendiger? Konnte sein Glaube an die Liebe durch mich gestärkt werden? Kommt Jesus durch mich zur Welt?

Ulrich Heidenreich

O lass dein Licht auf Erden siegen,
die Macht der Finsternis erliegen
und lösch der Zwietracht Glimmen aus,
dass wir, die Völker und die Thronen,
vereint als Brüder wieder wohnen
in deines großen Vaters Haus.

Friedrich Rückert, EG 14,6

4. Dezember

Wir harren, Christ, in dunkler Zeit
Gib deinen Stern uns zum Geleit
Auf winterlichem Feld.

Du kamest sonst doch Jahr um Jahr:
Nimm heut auch unsre Armut wahr
In der verworrnen Welt.

Es geht uns nicht um bunten Traum
Von Kinderlust und Lichterbaum;
Wir bitten: Blick uns an,

Und lass uns schaun dein Angesicht,
Drin jedermann, was ihm gebricht,
Gar leicht verschmerzen kann.

Es darf nicht immer Friede sein;
Wer's recht begriff, der gibt sich drein.
Hat jedes seine Zeit.

Nur deinen Frieden, lieber Herr,
Begehren wir je mehr und mehr,
Je mehr die Welt voll Streit.

Rudolf Alexander Schröder

5. Dezember

Unser Erlöser von Urzeit an –
das ist sein Name.

nach Jesaja 63,16

Advent!
Gewiss ist, dass in Jesus die Menschlichkeit Gottes triumphierte und unsere Gottlosigkeit überwand. Doch sähen wir gerne etwas mehr von seiner großen Macht – wie jene, die an der Krippe vorübergingen oder die später nach den Beweisen für seine Vollmacht fragten.
Ein Erlöser in Windeln, ein heimatloser Prediger, ein Gott am Kreuz? Etwas mehr dürfte es schon sein! Doch in jener Nacht wurde der in Armut geboren, dessen Liebe die Welt verwandeln wollte, in jener Nacht erschien der Mensch, der Sünde und Tod nicht anerkannte, in jener Nacht kam Gott im Stall zur Welt, weil ohne ihn alles verloren war.

Ulrich Heidenreich

6. Dezember

Die heilige Zeit

Advent, du heil'ge, stille Zeit.
Kanonen dröhnen, gar nicht weit.
Wie prall gefüllt der Vorratsschrank, –
dort leiden Kinder – hungerkrank.

Gibst auch dem Zirkusmann mit Pferd, –
gutes Gewissen ist was wert.
Spendest für Kinder in der Not.
Versöhnungsgeste für den Tod.

Nur im Dezember, weil's gefällt,
trifft dich das Leid der ganzen Welt.
Weihnacht macht sanft, auf Not versessen.
Doch leider ist im Januar
das alles längst vergessen.

Isolde Ahr

Ihr sollt verkündigen die Wohltaten dessen, der euch berufen hat von der Finsternis zu seinem wunderbaren Licht.

nach 1. Petrus 2,9

7. Dezember

*Seid barmherzig,
wie auch euer Vater barmherzig ist.*

Lukas 6,36

Es ist wichtig, Gerechtigkeit und Barmherzigkeit beieinander zu halten. Die nur Gerechten sind uns unheimlich – die nur Barmherzigen gefährden allzu leicht die Gerechtigkeit.
Aber wenn unsere Gerechtigkeit von der Liebe bestimmt ist, werden wir merken, dass Barmherzigkeit mehr ist als Opfer und etwas anderes, als „fünfe gerade sein" zu lassen. Immer geht es darum, der Ungerechtigkeit zu wehren und die Ungerechten in unserer Liebe zu bergen.

Ulrich Heidenreich

Gelobt sei der Herr, der Gott Israels! Denn er hat besucht und erlöst sein Volk.

Lukas 1,68

8. Dezember

Seid niemandem etwas schuldig, außer, dass ihr euch untereinander liebt; denn wer den andern liebt, der hat das Gesetz erfüllt.

Römer 13,8

Das Leben, so gemein es aussieht, so leicht es sich mit dem Gewöhnlichen, Alltäglichen zu befriedigen scheint, hegt und pflegt doch immer gewisse höhere Forderungen im Stillen fort und sieht sich nach Mitteln um, sie zu befriedigen.

Johann Wolfgang von Goethe

Eine Wahrheit auf Kosten der Liebe
ist keine Wahrheit.

Ulrich Heidenreich

9. Dezember

Der ist kein Tor, der gibt, was er nicht behalten kann, um zu gewinnen, was er nicht verlieren kann.

James T. Elliot

Der Sasower gab einmal einem übel berüchtigten Menschen sein letztes Geld hin. Die Schüler warfen es ihm vor. „Soll ich“, sagte er, „wählerischer sein als Gott, der es mir gegeben hat?“

Martin Buber

Wenn du nun Almosen gibst, sollst du es nicht vor dir ausposaunen lassen, wie es die Heuchler tun in den Synagogen und auf den Gassen, damit sie von den Leuten gepriesen werden. Wahrlich, ich sage euch: Sie haben ihren Lohn schon gehabt. Wenn du aber Almosen gibst, so lass deine linke Hand nicht wissen, was die rechte tut.

Matthäus 6,2-3

10. Dezember

Das Volk, das im Finstern wandelt, sieht ein großes Licht, und über denen, die da wohnen im finstern Lande, scheint es hell.

Jesaja 9,1

Es ist, als sagte diese Zeit zu uns: Euch soll ein Licht aufgehen. Die Spur zum Leben sollt ihr in diesem Licht finden und dabei etwas von Gottes Liebe spüren. Ihr sollt im Advent leben, vom Leben und von Gott noch etwas erwarten, der Lebensfreude immer näher kommen.
In all unseren Vorbereitungen auf Weihnachten – selbst in unserer Unruhe – verstecken wir unsere Hoffnung. Es ist weniger die Hoffnung auf zu erwartende Geschenke, als vielmehr das Sehnen nach der Zuwendung von Menschen, die uns etwas bedeuten. Es ist ein Bedürfnis nach Geborgenheit und Wärme, ein Verlangen nach Liebe. Es ist die Hoffnung auf die Erfüllung unserer Träume vom Leben.

Ulrich Heidenreich

11. Dezember

Ein Mensch, der nie zur Weihnachtszeit
Sich an den neuen Büchern freut,
Vielleicht gar nur ans Essen denkt,
Ein Mensch, der nie ein Buch verschenkt,
Ein Mensch, kurz, der den Geist nicht ehrt –
Der Mensch scheint uns bedauernswert.

Jedoch, ein Mensch, der Bücher liebt,
Der gern mit Büchern sich umgibt,
Ein Mensch, der Bücher Freunde nennt,
In denen er die Welt erkennt
Als Geistes Spur und Widerschein –
Der Mensch scheint uns ein Mensch zu sein.

Eugen Roth

Du aber sei den Gläubigen ein Vorbild im Wort, im Wandel, in der Liebe, im Glauben, in der Reinheit. Fahre fort mit Lesen, mit Ermahnen, mit Lehren.

1. Timotheus 4,12-13

12. Dezember

Es müssen nicht Männer mit Flügeln sein,
die Engel.
Sie gehen leise, sie müssen nicht schrein,
oft sind sie alt und hässlich und klein,
die Engel.
Sie haben kein Schwert, kein weißes Gewand,
die Engel.
Vielleicht ist einer, der gibt dir die Hand,
oder er wohnt neben dir, Wand an Wand,
der Engel.
Dem Hungernden hat er das Brot gebracht,
der Engel.
Dem Kranken hat er das Bett gemacht,
er hört, wenn du ihn rufst in der Nacht,
der Engel.
Er steht im Weg und er sagt: Nein,
der Engel,
groß wie ein Pfahl und hart wie ein Stein,
es müssen nicht Männer mit Flügeln sein,
die Engel.

Rudolf Otto Wiemer

Da öffnete der Herr dem Bileam die Augen, dass er den Engel des Herrn auf dem Wege stehen sah.

4. Mose 22,31

13. Dezember

Nichts ist mächtiger als die Güte. Wie der Wasserstrahl ein Feuer löscht, so löscht auch ein Wort, mit Güte gesprochen, brennenden Zorn.

Chrysostomos, um 400

Weil Gott in tiefster Nacht erschienen,
kann unsre Nacht nicht traurig sein!
Nimm an des Christus Freundlichkeit,
trag seinen Frieden in die Zeit!

Weil Gott in tiefster Nacht erschienen,
kann unsre Nacht nicht traurig sein!
Schreckt dich der Menschen Widerstand,
bleib ihnen dennoch zugewandt!

Weil Gott in tiefster Nacht erschienen,
kann unsre Nacht nicht endlos sein!

Dieter Trautwein, EG 56,4-5

Freundliche Reden sind Honigseim,
trösten die Seele und erfrischen die Gebeine.

Sprüche 16,24

14. Dezember

Meine Augen haben deinen Heiland gesehen, den du bereitet hast vor allen Völkern, ein Licht, zu erleuchten die Heiden und zum Preis deines Volkes Israel.

Lukas 2,30-32

Nicht das gibt dieser Zeit die Bedeutung, dass der Himmel aufreißt oder dass das Außergewöhnliche geschieht, sondern dass uns in unserem Alltag – vielleicht jenseits all unseres Begreifens – unter einem dunklen Himmel ein Licht aufgeht, in dem wir Gottes Liebe erkennen.
Hirten und Weise erlebten in ihrer Anbetung im Stall von Bethlehem für eine kurze Zeit so etwas wie ein Stück heiler Welt. Die ganze Welt war ja auch damals nicht heil. Unmenschlichkeit und Bedrohung, die Barbarei einer ungeheiligten Vernunft – die Gefährdung des Lebens gab es damals wie heute.
Aber dass es diesen Ort der erneuerten, der göttlichen Menschlichkeit gab, hilft auch uns zum Leben. Die Nähe Gottes nimmt die Furcht vor dem Drohen der Menschen, sie gibt Freude inmitten einer leidgeprüften Schöpfung, sie verändert diejenigen, die sich ihr öffnen. Ein Stück heile Welt – das Heil der Welt – ist für uns da.

Ulrich Heidenreich

15. Dezember

1. Menschen gehen zu Gott in ihrer Not,
   flehen um Hilfe, bitten um Glück und Brot,
   um Errettung aus Krankheit, Schuld und Tod.
   So tun sie alle, alle, Christen und Heiden.

2. Menschen gehen zu Gott in Seiner Not,
   finden ihn arm, geschmäht,
   ohne Obdach und Brot,
   sehn ihn verschlungen von Sünde,
   Schwachheit und Tod.
   Christen stehen bei Gott in Seinen Leiden.

3. Gott geht zu allen Menschen in ihrer Not,
   sättigt den Leib und die Seele mit Seinem Brot,
   stirbt für Christen und Heiden den Kreuzestod,
   und vergibt ihnen beiden.

Dietrich Bonhoeffer

Ich ließ mich suchen von denen, die nicht nach mir fragten, ich ließ mich finden von denen, die mich nicht suchten. Zu einem Volk, das meinen Namen nicht anrief, sagte ich: Hier bin ich, hier bin ich!

Jesaja 65,1

16. Dezember

Wir selber müssen hell werden, wenn die Welt ein klein wenig heller werden soll.

Reinhold Schneider

Das Christfest macht mir das Herz warm und froh. Sein heller Stern hat mir immer geholfen, wenn es dunkel und kalt war.

Catharina Elisabeth Goethe

Hätt einer auch fast mehr Verstand
Als die drei Weisen aus dem Morgenland
Und ließe sich dünken, er wär wohl nie
Dem Sternlein nachgereist wie sie;
Dennoch, wenn nun das Weihnachtsfest
Seine Lichtlein wonniglich scheinen lässt,
Fällt auch auf sein verständig Gesicht,
Er mag es merken oder nicht,
Ein freundlicher Strahl
Des Wundersternes von dazumal.

Wilhelm Busch

Als sie den Stern sahen, wurden sie hoch erfreut.

Matthäus 2,10

17. Dezember

Es begab sich aber zu der Zeit, dass ein Gebot von dem Kaiser Augustus ausging, dass alle Welt geschätzt würde. Und jedermann ging, dass er sich schätzen ließe, ein jeder in seine Stadt.

Lukas 2,1+3

Zwei Städte sah ich –
oder war es dieselbe Stadt?

Die Stadt:
Häuser, die man abschließen kann;
Kirchen, die man besichtigen kann;
Straßen, wo man aneinander vorbeigehen kann.

Die Stadt:
Häuser, die offen stehen für unerwartete Gäste;
Kirchen, in denen das Geheimnis uns anschaut;
Straßen, wo man aufeinander zu
und miteinander geht.

Der Fremde war hier nicht fremd,
jener, für den in der Herberge damals
kein Platz war.

Klaus Hemmerle

18. Dezember

Ab und zu geschieht es
Durch alle weihnachtlichen Stimmungen hindurch
Dass eine Liebe sich als echt erweist
Dass ein Verstehen Knospen treibt
Dass eine Barmherzigkeit Wunder wirkt
Dass eine Wärme Härte in der Tiefe lockert ...
Manchmal feiern wir so –
Mitten in diesen Tagen –
Weihnachten.

Verfasser unbekannt

Unsere Krankheiten und Gebrechlichkeiten werden uns weiter belasten – unsere Sorgen und Ängste werden sich nicht in Luft auflösen – unsere Ohnmacht und unsere Begrenztheiten werden wir nicht überwinden – aus der Erde werden wir kein Paradies machen können.
Aber wenn uns die Botschaft der Engel aufmerksam macht auf Gott, dann wirkt unser Glaube Geborgenheit, unsere Hoffnung Zuversicht und unsere Liebe Menschlichkeit.

Ulrich Heidenreich

19. Dezember

Sie standen gemeinsam im Stall: ein Pferd, ein Ochse, ein Rennauto und ein kleiner Esel.
„Eins will ich euch sagen“, begann das Pferd, „meine Vergangenheit lässt euch vor Neid erblassen. Eine Linie meiner Vorfahren lässt sich auf die berühmten Stuten des Propheten zurückführen, eine andere Linie reicht bis zu den Lipizzanern, eine dritte führt zu den Trakehnern, und schließlich habe ich das Blut der Kavallerie Napoleons in mir.“
„Als ich noch Stier war“, begann der Ochse, „war ich stolz darauf, dass sie mich als goldenes Kalb gossen. Als ich Ochse wurde, verband ich mit meiner Tradition den Aufstand der Nubier.“
„Typisch Ochse“, wieherte das Pferd.
„Ich fuhr große Rennen“, begann das Auto. „Auf dem Nürburgring, in La Panne und überall in der Welt. In mir saß der große Manuel Fangio. Könnt ihr euch das vorstellen?“
Und so fuhren sie fort, sich ihrer Vorfahren zu rühmen, obwohl das Pferd hinkte, der Ochse auf einem Auge blind war und das Rennauto keinen Motor mehr hatte.
„Was ist mit dir, du Esel?“, wandte sich das Pferd an den Grauen.
„Nichts weiter“, antwortete der leise, „aber einer meiner Vorfahren trug das Christkind.“

Peter Spangenberg

20. Dezember

Weihnachtslied aus China

Strahlt ein Stern hell durch die Nacht.
Schlaf liegt über Bethlehem.
Nur die Hirten auf der Wacht
dürfen Gottes Wunder sehn:
Tief erschrocken lauschen sie
nie gehörter Melodie.
Engel künden aller Welt:
Christus hat sich eingestellt.
Ehre sei dem höchsten Herrn.
Heil den Menschen nah und fern.
Gott und Menschheit, welche Kluft
gähnt hier tief durch meine Schuld!
Aber ach, mein Hirte ruft
noch mit göttlicher Geduld.
Soll ich weiter irre gehn,
nie das Ziel vor Augen sehn?
Kreuz und Krippe, Ziel und Weg
zeige mir, eh es zu spät.

Yan Dying Ch'in

21. Dezember

Sie gebar ihren ersten Sohn und wickelte ihn in Windeln und legte ihn in eine Krippe.

Lukas 2,7

Ihr werdet finden das Kind, in Windeln gewickelt
und in einer Krippe liegen, –
wie, in der Krippe, soll das heißen:
im Stall, bei Ochs und Esel, Ratte und Maus,
in der Kälte, im Dreck, in der Dunkelheit,
auf der Flucht, im Exil, erniedrigt und ausgestoßen,
im letzten Winkel der Welt –
sehr unwahrscheinlich, Engel,
warum, so frag ich, hast du nicht andere Nachricht,
warum so bezweifelbar alles,
warum so unmöglich,
sollen wir, Engel, erschrecken,
weil nur Erschrockne die Ohren auftun,
von der Stimme getroffen,
erschrocken prüfen den Zweifel,
erschrocken das Unwahrscheinliche,
oder hat Gott selber, Engel,
so frag ich, das Unmögliche möglich gemacht,
sagst du deshalb: Freude,
und deshalb: Fürchtet euch nicht?

Rudolf Otto Wiemer

22. Dezember

Ein paar Augenblicke
sehen ungezählte Augen mit Freuden auf ihn

Ein paar Augenblicke
breitet sich Glanz aus über die heillose Welt

Ein paar Augenblicke
halten unsere zerstörenden Worte und Waffen inne

Ein paar Augenblicke
erleben wir schenkende Liebe

Ein paar Augenblicke
ahnen wir was Frieden heißt

Ein paar Augenblicke
bewegt uns aufkeimende Hoffnung

Ein paar Augenblicke
wird uns klar: Ein paar Augenblicke sind zu wenig.

Doch –
wer verlängert das Fest?

Verfasser unbekannt

23. Dezember

Uns allen ist Jesus ein Mensch geworden.
Den Schwarzen ein Schwarzer.
Den Gelben ein Gelber.
Den Armen ein Armer, der sie reich macht.
Den Rechtlosen ein Rechtloser, der sie befreit.
Damit sie alle aus seinem Munde
und aus dem unseren hören:
Ich habe dich bei deinem Namen gerufen,
du bist mein.

Hans-Wilhelm Florin

Das ist das Wunder der Heiligen Weihnacht,
dass ein hilfloses Kind
unser aller Helfer wird.
Das ist das Wunder der Heiligen Nacht,
dass in die Dunkelheit der Erde
die helle Sonne scheint.
Das ist das Wunder der Heiligen Nacht,
dass traurige Leute
ganz fröhlich werden können.
Das ist das Wunder der Heiligen Nacht:
Das Kind nimmt unser Leben
in seine Hände,
um es niemals wieder loszulassen.

Friedrich von Bodelschwingh

24. Dezember

So ward der Herr Jesus geboren
im Stall bei der kalten Nacht.
Die Armen, die haben gefroren,
den Reichen war's warm gemacht.

Sein Vater ist Schreiner gewesen.
Die Mutter war eine Magd.
Sie haben kein Geld nicht besessen,
die haben sich wohl geplagt.

Kein Wirt hat ins Haus sie genommen,
sie waren von Herzen froh,
dass sie noch in'n Stall sind gekommen.
Sie legten das Kind auf Stroh.

Die Engel, die haben gesungen,
dass wohl ein Wunder geschehn.
Da kamen die Hirten gesprungen
und haben es angesehn.

Die Hirten, die will es erbarmen,
wie elend das Kindlein sei.
Es ist eine G'schicht für die Armen.
Kein Reicher war nicht dabei.

Ludwig Thoma

25. Dezember

Ihr werdet finden das Kind in Windeln gewickelt und in einer Krippe liegen.

Lukas 2,12

Wenn er sich entschied, im Stall zu leben, dann durften die, die zu ihm wollten, sich nicht scheuen, eine Stalltür anzufassen und den Dunst des Stalles zu ertragen.
So wird sichtbar, wer wir sind und was es mit unserem Warten auf Weihnachten auf sich hat. Mancher ist sich zu schade für den armen Gott. Manchem ist der Geruch armer Leute unerträglich. Mancher möchte keine schmutzigen Hände. Andere kommen auch so zurecht – noch brauchen sie keinen Gott, zumindest keinen, der so wenig glänzt.
Unendlich viele zogen in Bethlehem vorbei, ohne etwas von dem großen Ereignis zu bemerken, denn wo er war, da wollten sie nicht hin.

Ulrich Heidenreich

Wenn dir die kleinen Dinge zu gering sind, um dich ihrer anzunehmen, bist du ganz sicher den großen nicht gewachsen.

Sprichwort

26. Dezember

Und das Wort ward Fleisch und wohnte unter uns, und wir sahen seine Herrlichkeit, eine Herrlichkeit als des eingeborenen Sohnes vom Vater, voller Gnade und Wahrheit.
Und von seiner Fülle haben wir alle genommen Gnade um Gnade. Denn das Gesetz ist durch Mose gegeben; die Gnade und Wahrheit ist durch Jesus Christus geworden.

Johannes 1,14+16-17

Erhebet eure Herzen
und seid zum Lob bereit!
Seht her, die Welt des Lichtes
durchdringt die Zeit.

Lasst euch vom Licht erwärmen,
durchfluten ganz und gar!
Die Nacht ist überwunden,
die in euch war.

Kommt her in Gottes Helle
und schauet unverhüllt:
Was Gott der Welt versprochen,
hat er erfüllt.

Josef Butscher

27. Dezember

Aus der Armut eines Stalles
drang ein gutes warmes Licht,
und wir sehn, wie in der Stille
eine neue Zeit anbricht.

Könige aus fernen Reichen
bringen ihre Schätze her,
und am Ziel der Reise finden
sie ganz unvergleichlich mehr.

Jesus Christus, hier geboren,
Menschensohn und Gotteskind,
und die Hirten sagen's weiter:
Dieser ist uns wohlgesinnt.

Arnim Juhre

Der Herr hat Wohlgefallen an seinem Volk, er hilft den Elenden herrlich.

Psalm 149,4

28. Dezember

Wie viele ihn aber aufnahmen, denen gab er Macht, Gottes Kinder zu werden.

Johannes 1,12

Warum kommt der Herbergsvater in jedem Krippenspiel so schlecht weg? Er wird in der Weihnachtsgeschichte der Evangelien nicht einmal erwähnt. Da wird nur mitgeteilt, dass Maria und Josef das neugeborene Kind in eine Krippe legten, weil sie sonst keinen Raum in der Herberge hatten.
Der Wirt scheint gar nicht so wichtig gewesen zu sein, denn in der Weihnachtsgeschichte ist kein Platz für Vorwürfe und Schuldzuweisungen.
Sie erzählt vom Neuanfang, den Gott mit den Menschen machte, mit Menschen, die ihre eigenen Lebensentwürfe gemacht, ihre eigenen Ordnungen entwickelt, ihre unumstößlichen Vorurteile festgeschrieben hatten.
Solche Menschen brauchen immer einen Schuldigen, damit ihr Weltbild stimmt. Sie brauchen einen Wirt, der für die schlechte Behandlung des Gottessohnes verantwortlich gemacht werden kann.

Ulrich Heidenreich

29. Dezember

Kommt herzu, lasst uns dem Herrn frohlocken und jauchzen dem Hort unsres Heils!
Lasst uns mit Danken vor sein Angesicht kommen und mit Psalmen ihm jauchzen!
Denn er ist unser Gott, und wir das Volk seiner Weide und Schafe seiner Hand.

Psalm 95,1-2+7

Ihr Weisen, greift das Steuer fest,
fahrt schneller übers Meer,
Herodes stellt dem Kinde nach!
Bald ist die Krippe leer.

Ihr Hirten, lasst die Herden sein,
kommt alle eilends her.
Schon klirren Waffen laut von fern!
Bald ist die Krippe leer.

Ihr Menschen, macht die Herzen auf
und zaudert nicht zu sehr.
Wenn ihr nicht bald zur Krippe kommt,
bleibt sie für immer leer.

Barbara Cratzius

30. Dezember

Der Mensch lebt und bestehet
Nur eine kleine Zeit,
Und alle Welt vergehet
Mit ihrer Herrlichkeit.
Es ist nur Einer ewig und an allen Enden,
Und wir in seinen Händen.

Matthias Claudius

Vergiss nicht, was er dir Gutes getan hat.

nach Psalm 103,2

Je älter wir werden, je weiter der Bogen der Erinnerungen sich spannt, desto deutlicher tritt die Barmherzigkeit Gottes ins Licht. Jede Stunde hat ihren Sinn, jeder Tag hat seine Erwartungen, und die Hoffnung auf Gottes Geleit erfüllt unser Herz mit einer unverlierbaren Fröhlichkeit.
Ohne Gott sehen wir auch beim Schein der Sonne nur die Schatten, aber wenn wir seiner Freundlichkeit vertrauen und uns in seiner Hand geborgen wissen, können wir auch im Regen lachen. Weil wir Gottes Güte und Barmherzigkeit erfahren haben, können wir getrost die uns gegebenen Tage leben.

Ulrich Heidenreich

31. Dezember

Der du die Zeit in Händen hast,
Herr, nimm auch dieses Jahres Last
und wandle sie in Segen.
Nun von dir selbst in Jesus Christ
die Mitte fest gewiesen ist,
führ uns dem Ziel entgegen.

Der du allein der Ewige heißt
und Anfang, Ziel und Mitte weißt
im Fluge unserer Zeiten:
bleib du uns gnädig zugewandt
und führe uns an deiner Hand,
damit wir sicher schreiten!

Jochen Klepper, EG 64,1+6

„Meine Zeit steht in deinen Händen" (Psalm 31). Diese Zeile habe ich jetzt in dieser Krankheit gelernt und will sie korrigieren; denn ich bezog sie früher nur auf die Todesstunde. Sie soll aber heißen: In deinen Händen sind meine Zeiten, mein ganzes Leben, alle Tage, Stunden und Augenblicke.

Martin Luther

Anhang

Stichwortverzeichnis

Verzeichnis der Bibelstellen

Die Bibelzitate sind entnommen aus: Lutherbibel, revidierter Text 1984, © 1985 Deutsche Bibelgesellschaft, Stuttgart.

Altes Testament

Neues Testament

Aus dem evangelischen Gesangbuch

Quellennachweis der Autoren

Die hier vorgelegte Sammlung beruht auf der Arbeit des Herausgebers, die viele Jahre zurückreicht. Trotz intensiven Nachforschens war es nicht in allen Fällen möglich, die genaue Quelle bzw. die Rechte-Inhaber ausfindig zu machen. Wir bitten die Autoren oder Verlage dieser Textstellen, mit uns Verbindung aufzunehmen. Allen Autoren und Verlagen, die bei der Suche nach den Quellen Hilfe leisteten, sei an dieser Stelle für die freundlicherweise erteilte Abdruckerlaubnis gedankt.

Ahr, Isolde
363 aus: Ursula Richter, Weihnachtsgeschichten am Kamin 14, Copyright 1999 by Rowohlt Taschenbuch Verlag, Reinbek bei Hamburg
Backe, Knut Wenzel
28, 91, 143, 145, 267 © mit freundlicher Genehmigung des Autors
Balling, Adalbert Ludwig
296 aus: ders., Lustige Leute leben länger, © Verlag Herder, Freiburg 2. Auflage
Baltruweit, Fritz
25 aus: ders., Meine Lieder, S. 58, © tvd-Verlag Düsseldorf, 1996
Bamm, Peter
54 aus: Die unsichtbare Flagge, © Kösel-Verlag, München, 14. Aufl. 2000
Barth, Friedrich Karl
77 Text: Friedrich Karl Barth; Musik: Peter Janssens, aus: Unkraut Leben, 1977, alle Rechte im Peter Janssens Musik Verlag, Telgte – Westfalen

Barth, Karl
111 © TVZ-Verlag, Zürich
Bernanos, Georg
211, 222, 297 aus: Georges Bernanos, Tagebuch eines Landpfarrers. Ein Roman aus d. Franz. v. Jakob Hegner, Copyright d. dt. Übers. © 1975 by Verlags AG Die Arche, Zürich
Berron, Gottfried
135 aus: Gottfried Berron, Rechte: SKV-EDITION, Lahr/Schwarzwald
Biermann, Wolf
79 aus: „Nachlaß 1" von Wolf Biermann, © Kiepenheuer & Witsch, Köln
Block, Detlev
218, 253, 310, 338, 339 © mit freundlicher Genehmigung des Autors
Bonhoeffer, Dietrich
70, 206, 238 aus: ders., Widerstand und Ergebung. (GTB 457) © Chr. Kaiser/Gütersloher Verlagshaus GmbH, Gütersloh 2002;
330 Dietrich Bonhoeffer, Gewiss ist, dass wir immer ... (Stationen auf dem Weg zur Freiheit: Brief vom 21.8.1944), aus: ders., ebd.;
372 Dietrich Bonhoeffer, Menschen gehen zu Gott ... (Christen und Heiden), aus: ders., ebd.;
113 aus: ders., Ethik. Dietrich Bonhoeffer Werke (DBW), Band 6. © Chr. Kaiser/Gütersloher Verlagshaus GmbH, Gütersloh, 2. Auflage 1998
Borchert, Wolfgang
324 aus: ders., Das Gesamtwerk (Auszüge), Copyright © 1949 by Rowohlt Verlag GmbH, Reinbek bei Hamburg
Brecht, Bertolt
65 aus: Gesammelte Werke in 5 Bänden, © Suhrkamp Verlag, Frankfurt/Main;
29 aus: ebd., Bd. 3;
64, 212 aus: ebd., Bd. 4;
104, 358 aus: Gesammelte Werke, Band 10, © Suhrkamp Verlag, Frankfurt/Main 1967
Brokering, Herbert F.
74 aus: ders., Gebete, © Gütersloher Verlagshaus GmbH, Gütersloh
Buber, Martin
26 aus: ders., Die Erzählungen der Chassidim, © Manesse Verlag, Zürich 1949, 13. Aufl. 1993, S. 671;
32 aus: ders., ebd., S. 186;
63 aus: ders., ebd., S. 549;
117 aus: ders., ebd., S. 515;
164 aus: ders., ebd., S. 698;
173 aus: ders., ebd., S. 625;
205 aus: ders., ebd., S. 588;
222 aus: ders., ebd., S. 235;
250 aus: ders., ebd., S. 150;
288 aus: ders., ebd., S. 377;
366 aus: ders., ebd., S. 533
Bücken, Eckart
19 aus: EG 432, Ausgabe Nordelbien, © mit freundlicher Genehmigung des Autors;
307 aus: Kirchentagslieder Nr. 77, © mit freundlicher Genehmigung des Autors
Busta, Christine
106 aus: dies., Der Regenbaum, © Otto Müller Verlag, Salzburg 1995, 2. Auflage
Butscher, Josef
217, 383 © mit freundlicher Genehmigung des Autors
Cratzius, Barbara
386 © mit freundlicher Genehmigung der Autorin
Frank, Hannelore
307 aus: dies., Zuversicht. Kreuz Verlag, Stuttgart 1978, S. 89
Fried, Erich
186 aus: Es ist was es ist, © 1983, 1996 Verlag Klaus Wagenbach s.a. Gesammelte Werke
Fries, Margareta
156 © Fidula-Verlag Boppard/Rhein und Salzburg
Frisch, Max
25, 91, 96, 311 aus: Andorra, © Suhrkamp Verlag, Frankfurt/Main 1961;
326 aus: Bin oder die Reise nach Peking, © Suhrkamp Verlag, Frankfurt/Main 1975;
333 aus: Tagebuch 1946-1949, © Suhrkamp Verlag, Franfurt/Main

Gibran, Khalil
202, 301 aus: ders., Der Prophet, © 2001 Patmos Verlag GmbH & Co. KG/Walter Verlag, Düsseldorf und Zürich
Hausmann, Manfred
289 aus: Hausmann, Martin, Isabel, Andreas, © 1968 bei C. Bertelsmann Verlag, München, einem Unternehmen der Verlagsgruppe Random House GmbH
Heidenreich, Ulrich
365 aus: ders., Aber die Liebe ist die größte unter ihnen, © Agentur des Rauhen Hauses Hamburg, 1990, S. 22
Hesse, Hermann
304 aus: Gesammelte Werke, Bd. 1, © Suhrkamp Verlag, Frankfurt/Main 1987
Höfer, Liese
343 aus: dies., Zu jeder Stunde. Kreuz Verlag, Stuttgart 1983, S. 131
Hüsch, Hanns Dieter
87 aus: ders., Das Schwere leicht gesagt, S. 18, 1997/4 © tvd-Verlag Düsseldorf, 1991;
130 aus: ders., ebd., S. 22;
182 aus: ders., ebd., S. 45;
248/249 aus: ders., ebd., S. 33f
Juhre, Arnim
384 aus: ders., Frieden will geboren sein. Advents- und Weihnachtsgedichte, © Lutherisches Verlagshaus, Hannover 2001
Kaschnitz, Marie Luise
115 aus: Gesammelte Werke, Band 3, © Insel Verlag, Frankfurt 1982
Kistner, Ingeborg
274, 316, 317 aus: dies., Enter. Gebetsanstöße. Kreuz Verlag, Stuttgart 2000
Klepper, Jochen
35 aus: ders., Ziel der Zeit – die gesammelten Gedichte, Luther-Verlag, Bielefeld, 2001;
336 Nun darfst du in ihm leben ... (Geburtstagslied, Vers 5) aus: ders., ebd.;
340 Ich achte nicht ... (Abendlied, Vers 7-9) aus: ders., ebd.;
388 Der du die Zeit in Händen hast (Neujahrslied, Vers 1+6) aus: ders., ebd.
Klever, Peter
43, 203 © mit freundlicher Genehmigung des Autors
Köbler, Hanns
129 © Gustav Bosse Verlag, Kassel
Lotz, Hans-Georg
214 Text: Hans-Georg Lotz 1934-2001, Rechte: Verlag Singende Gemeinde, Wuppertal
Lubkoll, Hans-Georg
290 aus: ders., Auf den Wegen der Bibel. © Chr. Kaiser/Gütersloher Verlagshaus GmbH, Gütersloh
Magiera, Kurtmartin
270, 303 © mit freundlicher Genehmigung von Ingeborg Magiera
Marti, Kurt
98 aus: ders., Wer ist Jesus Christus für Sie?, © Kurt Marti;
344, 354 aus: ders., Leichenreden, © 2001 Nagel & Kimche im Carl Hanser Verlag, München-Wien
Möhlenkamp, Sonja
22, 61, 62 © mit freundlicher Genehmigung der Autorin
Musil, Robert
243 Robert Musil, Man liebt nicht nur ..., (Der Mann ohne Eigenschaften), Auszüge, aus: ders., Gesammelte Werke, Copyright © 1999 by Rowohlt Verlag GmbH, Reinbek bei Hamburg
Pawelzik, Fritz
60 aus: ders., „Ich werfe meine Freude an den Himmel", © R. Brockhaus Verlag, Wuppertal, 1992
Poeplau, Wolfgang
161 aus: ders. (Hg.), Irische Segenssprüche, Peter Hammer Verlag Wuppertal, Neuauflage 2000
Rahner, Karl
327 aus: ders., Biblische Predigten, © Verlag Herder, Freiburg 4. Auflage 1968

Richter, Horst Eberhard
144, 313 aus: ders., Der Gotteskomplex (Auszüge), Copyright © 1979 by Rowohlt Verlag GmbH, Reinbek bei Hamburg
Ringelnatz, Joachim
208 aus: ders., Das Gesamtwerk in sieben Bänden, Copyright © 1994 Diogenes Verlag AG, Zürich
Rinser, Luise
213 aus: Bruder Feuer, © K. Thienemanns Verlag, Stuttgart 2001
Röder, Stephan
131 aus: Beten geht unter die Haut. Anregungen für junge Leute, Benziger Verlag, Zürich/Köln 1984, S. 31
Rommel, Kurt
76 aus: Herr, wir bitten. BE 222, © Gustav Bosse Verlag, Kassel;
178 © Strube Verlag, München-Berlin
Roth, Eugen
27, 64, 71, 82, 99, 189, 193, 236, 281, 308, 327, 328, 368
© mit freundlicher Genehmigung der Dr. Eugen Roth Erben, München
Schaffer, Ulrich
173 aus: ders., Entdecke das Wunder, das du bist. Kreuz Verlag, Stuttgart 1987, S. 38;
315 aus: ders., ebd., S. 62
Scheurmann, Erich
30 aus: Erich Scheurmann, DER PAPALAGI, copyright © 2001, by Oesch Verlag Ag, Zürich
Schneider, Reinhold
373 aus: Gesammelte Werke, Insel Verlag, Frankfurt/Main 1982
Schnurr, Otmar
172 aus: ders., Stoßgebete und ebensolche Seufzer, © Herder Verlag, Freiburg 1984
Schröder, Rudolf Alexander
67 aus: EG 610, Ausgabe Nordelbien © Suhrkamp Verlag, Frankfurt/Main;
361 © Suhrkamp Verlag, Frankfurt/Main
Schulz, Walter
337 © Strube Verlag, München-Berlin
Schupp, Dieter
329 © mit freundlicher Genehmigung des Autors
Seidel, Ina
180 aus: dies., Aus den schwarzen Wachstuchheften. Ungewöhnliche Texte einer großen Schriftstellerin, © 1980 Deutsche Verlags-Anstalt GmbH, Stuttgart
Spangenberg, Peter
112, 300, 376 © mit freundlicher Genehmigung des Autors
Strittmatter, Erwin
59 © mit freundlicher Genehmigung von Eva Strittmatter
Strittmatter, Eva
262 © mit freundlicher Genehmigung von Eva Strittmatter
Trautwein, Dieter
33, 84, 370 © Strube Verlag, München-Berlin
Tucholsky, Kurt
61 aus: ders., Gesammelte Werke, Copyright © 1960 by Rowohlt Verlag GmbH, Reinbek bei Hamburg
Weiss, Peter
222 aus: Dramen 2, Gesang vom lusitanischen Popanz, © Suhrkamp Verlag, Frankfurt/Main 1968
Wiemer, Rudolf Otto
89, 102, 346 aus: ders., Beispiele zur deutschen Grammatik, Gedichte. © Wolfgang Fietkau Verlag, 1972;
107, 108 aus: ders., Ernstfall. Gedichte, © Steinkopf Verlag, 1989;
141, 378 © mit freundlicher Genehmigung der Rudolf Otto Wiemer Erben, Hildesheim;
369 aus: ders., Der Augenblick ist noch nicht vorüber, Kreuz Verlag, Stuttgart 2001, © mit freundlicher Genehmigung der Rudolf Otto Wiemer Erben, Hildesheim;
350 aus: ders., ebd., S. 24
Willms, Wilhelm
52 aus: ders., der geerdete himmel. wiederbelebungsversuche © 1974 Verlag Butzon & Bercker, Kevelaer, 7. Aufl. 1986, 4.7. (Auszug);
177 aus: ders., ebd., 13.1. u. 13.9. (Auszug);
278 aus: ders., ebd., 6.7. (Auszug);
319 aus: ders., ebd., 7.2. (Auszug)